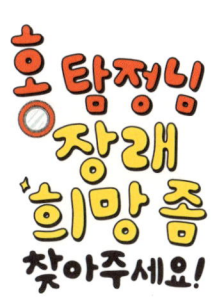

**홍 탐정님,
장래 희망 좀 찾아주세요!**

초판 1쇄 발행 2023년 7월 30일
초판 2쇄 발행 2024년 3월 5일

지은이 채화영
그린이 홍그림
펴낸이 이지은 **펴낸곳** 팜파스
기획편집 박선희
디자인 조성미 **마케팅** 김서희, 김민경
인쇄 케이피알커뮤니케이션

출판등록 2002년 12월 30일 제 10-2536호
주소 서울특별시 마포구 어울마당로5길 18 팜파스빌딩 2층
대표전화 02-335-3681 **팩스** 02-335-3743
홈페이지 www.pampasbook.com | blog.naver.com/pampasbook
이메일 pampasbook@naver.com

값 13,000원
ISBN 979-11-7026-581-8 (73810)

ⓒ 2023, 채화영

· 이 책의 일부 내용을 인용하거나 발췌하려면 반드시 저작권자의 동의를 얻어야 합니다.
· 잘못된 책은 바꿔 드립니다.

어린이
친구들에게

　어렸을 적 새 학기가 시작되면 으레 장래 희망을 발표하는 시간이 있었습니다. 누구는 대통령이, 누구는 과학자가, 누구는 교사가 되겠다고 말한 기억이 납니다. 그 친구들이 그 꿈을 다 이루었는지는 모르겠습니다. 이 글을 쓰는 저 역시 간호사가 꿈이라고 했지만, 지금은 전혀 다른 작가의 길을 걷고 있으니까요.

　그 후 한 번도 간호사라는 꿈을 꿔 본 적 없는 제가, 왜 그날은 간호사가 꿈이라고 이야기했을까요? 생각해 보면 전날 읽었던 나이팅게일 위인전에 감동해서 잠깐이나마 백의의 천사를 꿈꾸었는지도 모릅니다.

　작가가 되어야겠다고 결심한 건 초등학교 3학년 때였습니다. 담임 선생님은 우리에게 동시 쓰기 숙제를 내주셨습니다. '시'가 뭔지도 모른 채 그저 숙제니까 열심히 해야 한

다는 마음 하나로 꾹꾹 연필을 눌러 동시를 쓴 기억이 납니다. 한 명씩 교탁에 서서 동시를 발표했는데 제 차례가 되었을 때 시를 가만히 듣던 선생님이 딱 한마디를 해 주셨습니다.

"참 잘 썼구나."

그저 책을 좋아하던 저는 마법 같은 그 한마디 때문에 제 안에 숨어 있던 특기를 발견했습니다. 그리고 그것은 실로 대단한 위력을 발휘했습니다. '잘하는 게 없던 아이'에서 '잘하는 게 있는 아이'로, '꿈이 없던 아이'에서 '꿈이 있는 아이'로 변한 것입니다.

그때부터 작가라는 꿈이 생겼고 그 꿈은 단 한 번도 바뀌지 않았습니다. 그 어떤 것도 창작만큼 가슴 뛰게 만들지 않았기 때문입니다.

이 책을 집필하는 내내 저는 제 어린 시절이 떠올랐습니다.

운이 좋게 일찍 꿈을 가졌지만, 그때는 그게 행운이라는 걸 잘 몰랐습니다. 고등학교 입시 때까지도 어떤 과를 갈지 몰라 고민하던 친구들, 진로의 방향을 잡지 못해 방황하던 친구들이 기억납니다.

초등학교 때는 저마다 꿈으로 넘쳐 났던 친구들인데 무엇 때문에 꿈을 잃어버리고 방황했을까요? 왜 그때까지 자신들이 원하는 꿈을 찾지 못했을까요?

꿈이라는 건 나를 아는 것부터 시작되는 것 같습니다. 내가 좋아하는 것, 내가 잘하는 것, 내가 행복한 것, 내가 즐거운 게 무엇인지 아는 순간 꿈이라는 새싹이 움트는 거라고요. 꿈이 있는 아이도, 꿈이 없는 아이도, 꿈이 많아서 고민인 아이도 시작점은 똑같습니다. 내가 정말 좋아하는 게 무엇인지 아는 것. 내가 잘하는 게 무엇인지 아는 것. 내가 가장

행복할 때가 언제인지를 아는 것. 이것만 잘 안다면 그때가 언제든 나만의 꿈을 찾을 수 있을 겁니다.

  이 책을 통해 여러분이 '꿈'이 무엇인지 알고 '나'에 대해 생각해 보는 시간을 가졌으면 좋겠습니다. 책장을 덮고 나면 '꿈'이라는 새싹이 살포시 움틀지도 모르겠습니다. 사랑스럽고 어여쁜 그 누군가의 꿈을 멀리서나마 응원합니다.

채화영

차례

어린이 친구들에게 · 4

꿈을 추천해 주세요 · 10

무엇이든 찾아 주는 홍 탐정 · 24

홍 탐정의 조수가 되다 · 34

첫 사건을 해결하라! · 46

정육점 할아버지의 꿈 · 56

수호의 비밀 · 72

꿈은 꾸라고 있는 거야 · 85

꿈이 없는 건 창피한 게 아냐 · 94

장래 희망 뽐내기 대회 · 108

우리는 또 어떤 꿈을 꾸게 될까? · 120

🌙 꿈은 풀어내야 할 수학 문제가 아니랍니다 · 132

꿈을 추천해 주세요

약속 시간은 오후 4시.

우리는 긴밀한 첩보 작전을 펼치듯 건물 앞에 서 있었다.

"몰래 온 거 맞지?"

세율이가 조심스레 물었다.

"응. 그런데 꼭 이렇게까지 해야 해?"

"당연하지. 너 애들 표정 생각 안 나?"

세율이 말에 갑자기 며칠 전 수업 시간이 떠올랐다. 마치 그 자리에 있는 것처럼 얼굴이 화끈거렸다.

"또 비웃음 받기 싫으면 내가 하자는 대로 해!"

나는 대답 대신 세율이를 따라갔다.

엘리베이터를 타고 5층에 올라가자 복도 끝에 유리문 하나가 보였다.

"저기 있다!"

세율이와 나는 후다닥 복도를 뛰어가 유리문을 열었다.

"어서 오세……."

두꺼운 뿔테 안경을 쓴 아저씨가 일어서다 말고 우리를 쳐다보았다.

"부모님은 어디 계시니? 설마 너희만 온 건 아니지?"

"저희만 왔는데요?"

세율이의 말에 아저씨는 당황한 표정이었다.

"하하하, 학원은 4층에 있단다. 내려가 보렴."

"여기 직업 소개소 아니에요?"

"맞기는 한데 너희가 올 만한 곳은 아니에요."

"저희도 직업이 필요해요!"

"직업 좀 소개해 주세요."

우리가 순순히 물러서지 않자 아저씨는 버럭 소리를 질렀다.

"글쎄, 안 된다니까! 얼른 가지 못해?"

결국 우리는 보기 좋게 사무실에서 쫓겨나고 말았다.

"여기 오면 다 해결된다며……. 이제 어떡해?"

"걱정하지 마. 이럴 줄 알고 비장의 카드를 준비했으니까."

"비장의 카드? 그게 뭔데?"

"저거!"

세율이가 가리킨 곳은 타로 점집이었다.

"점을 보자고?"

"뭐든 해 봐야지. 따라와."

"우리 꼬마 친구들이 무슨 고민이 있어서 왔을까?"

가게 안으로 들어가자 짙은 눈 화장을 한 아주머니가 카드를 섞으며 물었다. 눈치만 보던 나를 대신해 세율이가 씩씩하게 대답했다.

"꿈 때문에 왔어요!"

"무슨 꿈? 악몽이라도 꿨니?"

"그 꿈 말고 장래 희망이요."

타로 아주머니는 생각지도 못한 말을 들어 당황했는지 눈을 크게 뜨고 우리를 쳐다보았다.

"타로를 보면 미래의 우리 직업도 나오나요?"

"나올 거야. 우리 엄마도 고민이 있으면 타로를 보거든!"

내 질문에 아주머니 대신 세율이가 자신 있게 대답했다.

"그건 어렵단다."

하지만 타로 아주머니는 전혀 다른 대답을 했다.

"타로 점으로 너희 미래를 결정하는 건 매우 어리석은 일이야. 너희 꿈은 너희가 정해야지."

타로 아주머니는 마치 타이르듯이 우리에게 말했다. 그 말에 우리는 잔뜩 표정을 일그러뜨린 채 외쳤다.

"저희도 그걸 모르겠단 말이에요!"

★ ★ ★

모든 일은 일주일 전 수업 시간에 시작되었다. '장래 희망'이라는 주제로 글짓기를 하고 나서 선생님이 말씀하셨다.

"자, 한 명씩 발표해 볼까요?"

선생님의 제안에 친구들이 저마다 장래 희망을 말하기 시작했다. 선생님은 친구들이 말한 꿈을 차례차례 칠판에 적으셨다. 칠판을 보고 나는 깜짝 놀랐다.

'저렇게 많은 직업들이 있다니.'

선생님, 의사, 검사, 판사, 변호사, 회계사, 영화배우, 수의사, 아이돌, 웹툰 작가, 유튜버, 축구 선수, 발레리나, 피아니스트, 드라마 작가, 파일럿, 승무원, 아나운서, 소방관, 경찰관, 요리사, 군인, 애견 훈련사, 외교관, 프로게이머, 방송국 PD….

친구들이 발표한 직업 중에는 처음 듣는 직업도 있었다.

"그다음 세율이가 해 볼까요?"

"네!"

세율이는 마치 기다렸다는 듯이 자신감이 가득한 얼굴로 일어났다.

"제 꿈은 맛 좋아 갈빗집 사장입니다!"

세율이의 꿈을 듣고 친구들이 웃음을 터트렸다.

"맛 좋아 갈빗집은 우리 동네에서 가장 유명한 식당입니다. 저도 커서 그런 유명한 식당의 사장이 되고 싶습니다. 그래서 돈을 많이 벌어 부자가 되고 싶습니다!"

세율이가 말하는 내내 친구들의 웃음이 끊이지 않았다. 세율이는 고개를 갸웃거렸다.

"너희 왜 웃어?"

"꿈이 갈빗집 사장이니까 그렇지!"

"그게 어때서? 갈빗집 아저씨가 돈을 얼마나 잘 버는데!"

세율이가 발끈하자 아이들은 웃음을 꾹 참았다. 그 후로 세율이의 별명은 갈빗집 사장이 되었지만 말이다.

나는 벽시계를 힐끔 보았다. 곧 있으면 수업이 끝날 것 같았다. 조마조마하던 마음이 스르륵 풀리기 시작했다. 그때 박수호와 눈이 마주쳤다. 수호의 눈이 얄밉게 휘어졌다. 수호가 번쩍 손을 들고 말했다.

"선생님, 우빈이 발표 안 했어요!"

"좋아. 우빈이 꿈도 들어 볼까?"

친구들의 시선이 나에게 쏠리자 나는 쭈뼛쭈뼛 일어났다.

"제 꿈은……."

말을 맺는 내 목소리가 점점 작아졌다.

"없습니다……."

역시나 여기저기서 웅성대는 소리가 들려왔다.

"꿈이 없다고?"

"정말?"

"말도 안 돼."

그랬다. 나는 꿈이 없다. 솔직히 말하면 꿈이 뭔지 잘 모르겠다. 꿈이 '되고 싶은' 걸 의미한다면, 나는 영화에 나오는 영웅처럼 악당을 혼내 주는 초능력자가 되고 싶다. 하지만 내 꿈이 초능력자라고 절대 말할 수 없다. 말하는 순간, 엉뚱한 아이로 놀림받을 게 뻔하니까.

"거짓말! 되고 싶은 게 하나도 없다고?"

얄미운 수호가 끼어들었다. 그러자 세율이가 나 대신 응수했다.

"없을 수도 있지! 넌 태어날 때부터 있었냐?"

"나는 5살 때부터 의사가 꿈이었거든?"

수호의 꿈을 모르는 사람은 없었다. 툭하면 아빠처럼 자신도 의사가 되는 게 꿈이라고 말하고 다녔으니까.

어쨌든 그날부터 나와 세율이는 꿈이 없는 아이, 꿈이 웃긴 아이가 되었다. 우리가 하루빨리 제대로 된 꿈을 찾아야 하는 처지가 된 건 선생님의 다음 말씀 때문이었다.

"한 달 뒤에 '장래 희망 뽐내기 대회'를 열 거예요. 꿈이 있는 친구들은 그 꿈을 위해 어떤 노력을 할지 고민해 보고, 꿈이 없는 친구들은 자신만의 꿈을 찾아보도록 해요."

장기 자랑 대회도 아니고 장래 희망 대회라니. 눈앞이 깜깜해지는 것 같았다.

"우빈아, 걱정하지 마. 나한테 좋은 생각이 있어."

세율이가 말한 좋은 생각은 직업소개소에서 직업을 추천받는 거였다. 알다시피 보기 좋게 실패하고 말았지만.

"이제 어떡해?"

타로 점집을 나온 우리는 놀이터를 향해 터벅터벅 걸었다.

"우리 집에 가자!"

"너희 집은 왜?"

"가 보면 알아. 좋은 아이디어가 떠올랐어."

✦ ✦ ✦

세율이의 방에 들어가자 벽에 붙은 커다란 세계 지도가 눈에 들어왔다. 책상 위에는 지구본과 빙하를 뛰어다니는 펭귄 사진이 놓여 있었다.

"펭귄 좋아해?"

"정확히 말하면 펭귄이 사는 남극을 좋아해."

세율이가 눈을 반짝이며 대답했다.

"남극은 너무 춥잖아. 사람도 못 살고. 그런데 거기가 좋아?"

"아직 발견하지 못한 동물이 있을지도 모르잖아. 땅속에 보물이 가득 있을지도 모르고. 뭔가 신비로운 곳 같아서 좋아!"

세율이의 얼굴은 갈빗집 사장이 꿈이라고 말한 날만큼이나 밝았다.

"그래서 좋은 아이디어가 뭔데? 또 엉뚱한 얘기할 거면 집에 갈 거야."

"이번에는 진짜라니까!"

세율이는 컴퓨터 의자에 앉더니 〈지끝행〉이라는 카페에 접속했다.

"지끝행?"

"지구 끝까지 여행! 내가 가입한 여행 카페인데 여기서 직업을 추천받을 거야."

세율이는 〈지끝행〉 가입자 수가 오만 명을 넘으니 여기서 추천받으면 근사한 직업을 얻게 될 거라고 말했다.

"직업이 내 마음에 들지 않으면 어떡해?"

"계속 추천받으면 되지."

세율이는 자유 게시판에 들어가 〈꿈을 추천해 주세요!〉라는 제목으로 글을 적었다.

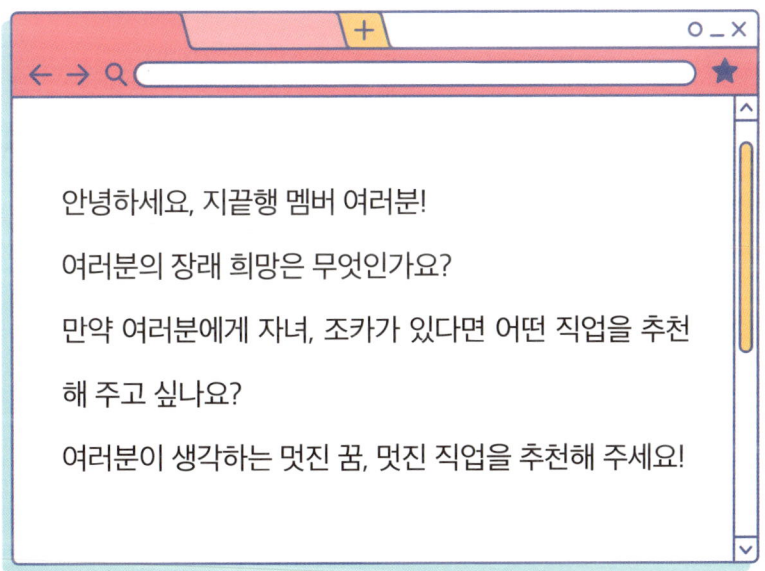

안녕하세요, 지끝행 멤버 여러분!
여러분의 장래 희망은 무엇인가요?
만약 여러분에게 자녀, 조카가 있다면 어떤 직업을 추천해 주고 싶나요?
여러분이 생각하는 멋진 꿈, 멋진 직업을 추천해 주세요!

"됐다!"

"댓글이 달릴까?"

"달릴 거야. 넌 가입한 카페 없어?"

"있긴 한데 왜?"

"거기에도 쓰자. 한 곳보다는 두 곳이 나으니까."

나는 머뭇거리다 얼마 전에 가입한 카페에 접속했다.

"독서 카페잖아?"

세율이가 의외라는 듯 물었다.

"응. 우리 삼촌이 추천해서 가입했어."

"책 좋아해? 난 책이 세상에서 제일 싫은데."

나는 괜히 비밀을 들킨 것 같아 얼굴이 빨개졌다. 서둘러 카페 게시판 창을 열고 글을 썼다. 완료 버튼을 클릭하고 나니 내가 쓴 글이 게시판에 올라왔다.

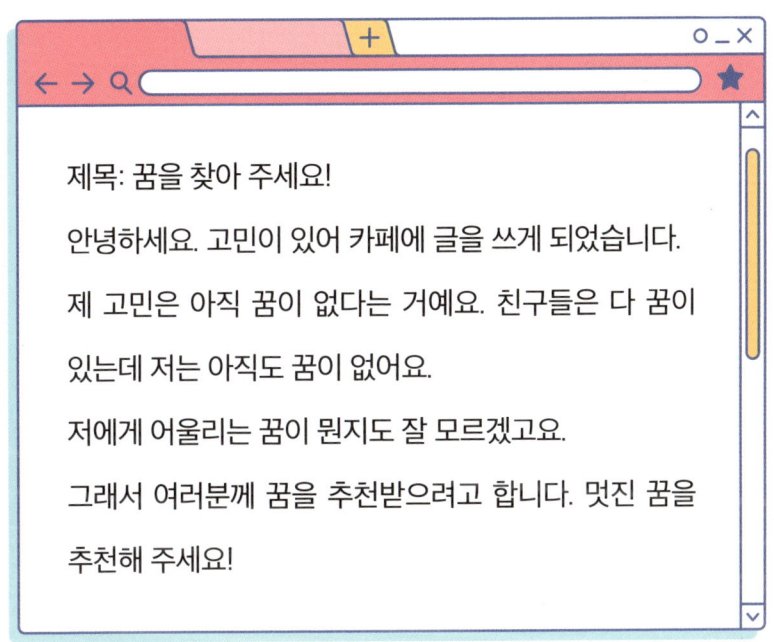

제목: 꿈을 찾아 주세요!

안녕하세요. 고민이 있어 카페에 글을 쓰게 되었습니다.

제 고민은 아직 꿈이 없다는 거예요. 친구들은 다 꿈이 있는데 저는 아직도 꿈이 없어요.

저에게 어울리는 꿈이 뭔지도 잘 모르겠고요.

그래서 여러분께 꿈을 추천받으려고 합니다. 멋진 꿈을 추천해 주세요!

글을 올리고 나니 괜히 가슴이 두근거렸다.

'아무 댓글도 안 달리면 어떡하지.'

우리는 초조한 마음으로 댓글이 달리기만을 기다렸다.

무엇이든
찾아 주는
홍 탐정

"우리가 잘하고 있는 걸까?"

책장에서 남극 여행 책을 꺼내며 세율이에게 물었다.

"무슨 소리야?"

"이런 식으로 꿈을 찾아도 되는 건가 해서."

"그럼 어떻게 찾아야 하는데?"

"그거야 나도 모르지."

솔직한 마음이었다. 친구들은 어떻게 그렇게 빨리 꿈을 찾았을까? 언제부터 꿈을 갖게 된 걸까? 친구들에게 물어보면

답을 얻을 수 있을까?

"달렸다!"

그때 세율이가 자리에서 벌떡 일어섰다.

"진짜?"

모니터를 보니 정말로 댓글이 달리기 시작했다. 생각보다 빨리, 많이 달리고 있었다.

"와, 벌써 스무 개나 달렸어!"

생각보다 일이 쉽게 풀릴 것만 같았다. 2시간 동안 지끝행 게시판에 달린 댓글은 총 120개. 내가 가입한 독서 카페에는 댓글이 50개 달렸다.

우리는 댓글을 하나하나 읽으며 목록을 작성했다. 왼쪽에는 직업을, 오른쪽에는 그 직업이 추천된 횟수를 적었다.

의사 45 / 판사 22 / 검사 30
회계사 15 / 교사 28 / 교수 11
그 외: 연예인 / 건물주 / 프로게이머 / 운동 선수…….

"우리가 다 아는 직업뿐이네?"

"넌 마음에 드는 거 있어?"

"없어. 넌?"

"나도."

예상외로 평범한 댓글에 실망감이 몰려왔다.

"어? 이것 좀 봐."

세율이가 방금 막 달린 새 댓글을 가리켰다.

💬 꿈을 찾고 계시는군요! 그 꿈, 홍 탐정이 찾아 드리겠습니다. 잃어버린 물건, 잃어버린 애완견, 잃어버린 꿈까지, 무엇이든 찾아 드립니다. 홍 탐정을 찾아 주세요!

"이거야!"

너무 기쁜 나머지 우리는 펄쩍펄쩍 뛰며 소리쳤다.

"꿈을 찾아 주는 탐정이라니 신기한데? 얼른 가 보자."

✸ ✸ ✸

홍탐정 사무실

간판은 단순했다. 이제 막 달았는지 새것 느낌이 났다. 새 간판에 비해 건물은 매우 초라했다. 페인트칠이 벗겨져 여기저기 시멘트가 드러났고, 창문에는 거미줄이 가득했다. 길고양이 몇 마리가 바닥에 떨어진 과자를 핥아먹고 있었다.

"여기 맞는데……."

세율이가 핸드폰을 보며 두리번거렸다.

"인터넷 주소대로 온 거면 맞겠지. 들어가 보자."

이번에는 내가 먼저 발걸음을 옮겼다.

사무실은 2층에 있었다. 계단을 올라가자 바로 문이 보였다.

"저기……."

문을 열고 들어가자 의자에 앉아 있던 남자가 용수철처럼 튀어 올랐다.

"어서 오세요, 홍 탐정 사무실입니다!"

반갑게 다가오는 남자를 본 순간 나는 자리에서 얼어붙고 말았다.

"사, 삼촌?"

"우빈아! 네가 여긴 무슨 일로……."

후줄근한 티셔츠에 낡은 청바지를 입은 사람은 다름 아닌 내 외삼촌이었다.

"삼촌이 왜 여기에 있어요?"

"와, 진짜 너희 삼촌이야?"

세율이가 내 앞으로 끼어들며 소리쳤다.

"안녕하세요! 우빈이 친구 오세율이라고 합니다."

"안녕? 우빈이 여자 친구구나?"

"여, 여자 친구 아니고 그냥 친구예요."

"내가 여자지, 남자냐? 여자 친구 맞지, 뭐."

내가 발끈하자 세율이가 서운하다는 듯이 말했다.

"그런데 여긴 웬일이니? 학원 갈 시간 아냐?"

"삼촌이야말로 회사에 안 가고 여기서 뭐해요?"

"여기가 삼촌 회사인데?"

"네?"

나는 당황해 아무 말도 할 수 없었다. 삼촌은 우리나라에서 제일 큰 장난감 회사에 다니고 있었기 때문이다. 엄마는 삼촌이 좋은 회사에 들어갔다며 좋아했고 가족 모두 삼촌을 자랑스럽게 여겼다.

우리나라에서 가장 큰 장난감 회사에 다니는 사람답게 삼촌은 내 생일이나 크리스마스가 되면 어김없이 멋진 장난감을 선물로 주었다. 나는 그때마다 친구들에게 자랑했다. 한 번은 친구들이 졸라서 삼촌 회사에 구경 간 적도 있었다. 으리으리한 빌딩 안에서 멋진 양복을 입고 우리를 반겨 주던 삼촌이 얼마나 멋있었는지 모른다.

그런데 이렇게 낡고 초라한 사무실이 삼촌의 회사라니! 뭔가 잘못돼도 한참 잘못됐다. 삼촌이 지금 나를 놀리고 있는 게 분명하다.

"하하, 좀 낡긴 했지? 페인트칠 좀 하면……."

"거짓말! 여기 삼촌 회사 아니잖아요."

삼촌은 내 말에 깜짝 놀라더니 이내 빙긋 웃었다.

"삼촌 회사 맞아. 사업을 시작했거든."

"그럼 장난감 회사는요?"

"그만뒀지. 한 달쯤 됐나?"

"네?"

가슴에 돌덩이가 떨어진 것처럼 심장이 쿵 울렸다.

"혹시…… 회사에서 잘렸어요?"

"하하, 잘리긴! 삼촌이 당당하게 나왔지."

"왜요? 왜 나왔어요? 그 회사 좋다면서요!"

왈칵 눈물이 날 것 같았다. 삼촌의 초라한 모습 뒤로 이제 장난감 선물을 받지 못한다는 서운함이 겹쳤다.

"우빈아. 그게 말이야……."

삼촌은 나를 진정시키려고 두 손을 꼭 잡았다.

"삼촌한테는 꼭 이루고 싶은 꿈이 있거든."

"삼촌 꿈 다 이룬 거 아니었어요?"

어른이 되면 꿈은 저절로 이루어진다고 생각했다. 삼촌도 마찬가지였다. 누구나 부러워할 만한 대기업 회사원이 삼촌의 꿈이라 생각했다. 그래서 삼촌은 꿈을 이룬 거라고 굳게 믿었다.

"꿈을 이룬다는 건 무척 어려운 일이야. 그만큼 노력도 필요하고."

"그 꿈이 뭔데요?"

"홍 탐정! 홍 탐정 맞죠?"

세율이가 핸드폰을 들고 끼어들었다.

"여기에 글 남기셨잖아요. 무엇이든 다 찾아 드립니다!"
"하하, 맞아. 홍 탐정! 그게 내 꿈이란다."
"탐정이 꿈이라고요?"
삼촌의 꿈이 탐정이었다니.
나는 좋아하는 영화의 반전을 본 것처럼 큰 충격에 빠지고 말았다.

홍 탐정의 조수가 되다

생각해 보니 삼촌 방에는 유독 탐정에 관한 책이 많았다. 셜록 홈스, 아가사 크리스티, 소년탐정 김전일, 명탐정 코난까지. 내가 삼촌의 책장을 기웃거리면 삼촌은 나를 앉혀 두고 셜록 홈스가 추리로 범인을 밝혀내는 장면을 읽어 주곤 했으니까. 그때는 그게 삼촌의 취미 중 하나라고 생각했다. 진짜 꿈이 탐정일 줄은, 더군다나 진짜로 그 꿈을 실행할 줄은 전혀 예상하지 못했다.

"난 어릴 때부터 추리하는 걸 좋아했어. 그래서 탐정 책, 탐

정 영화를 자주 봤지. 딱 10년만 회사 생활하고 탐정 사무실을 열어서 어려움을 겪은 사람들을 도와주겠다고 다짐했어. 마침 올해가 딱 10주년이었어. 그래서 고민 없이 퇴사하고 사무실을 차렸지."

"와, 정말 멋져요!"

세율이가 호기심 가득한 얼굴로 소리쳤다.

"이제 시작이라 정신이 하나도 없어. 사무실도 정리해야 하고, 조수도 구해야 하고. 그런데 너희는 여기 어떻게 알고 찾아왔니?"

"저희 글에 댓글을 남기셨잖아요. 못 찾은 꿈도 찾아 주신다고."

"하하, 그게 너희가 쓴 거였구나. 그런 줄도 모르고."

"정말 찾아 줄 수 있어요? 우리 꿈이요."

내 말에 삼촌은 살짝 걱정스러운 표정을 지었다.

"쉽지 않겠지만 해 보지 뭐. 꿈이라는 건 수학 공식처럼 답이 딱 떨어지는 게 아니거든."

"시간이 별로 없어요. 한 달 안에는 찾아야 해요."

"한 달? 너무 빠른데?"

"한 달 뒤에 장래 희망 뽐내기 대회가 열리거든요. 우리 둘만 아직 꿈을 못 찾았고요."

"촉박하긴 하지만 노력해 볼게. 너희가 홍 탐정 사무실의 첫 번째 의뢰인이니까."

"와, 감사합니다!"

세율이는 무척 좋아했지만 나는 왠지 모르게 우울했다. 안심이 되면서도 슬픈, 이상한 기분이었다.

"잠깐!"

그때 삼촌이 뭔가 생각났는지 소리쳤다.

"너희 수임료는 준비했겠지?"

"수임료요?"

"내가 너희의 고민을 해결해 주니까 그 대가로 너희도 돈을 내야지."

"얼만데요? 이번 달 용돈 거의 다 썼는데……."

내가 주머니를 뒤적거리자 삼촌이 곤란하다는 표정을 지으며 말했다.

"흠, 그럼 좀 어려운데……."

"조금씩 갚을게요. 엄마 심부름, 동생 돌보기 몇 번 하면 금방 모을 거예요!"

세율이가 자신 있다는 듯 말했다.

"저도 용돈 모아서 갚을게요, 삼촌."

"그건 안 돼. 너희도 용돈은 필요하니까."

"그럼 어떡해요?"

"수임료를 대신할 방법이 있긴 한데……."

"뭔데요?"

세율이와 내가 동시에 물었다.

"조수! 당분간 이 홍 탐정의 조수로 일하는 거야."

"조수요?"

"와, 재미있겠다! 저 할래요, 조수!"

당황한 나와는 달리 세율이는 손뼉까지 치며 좋아했다.

"야, 난 싫어!"

"안 하면 어쩔 건데? 한 달 안에 꿈 찾을 수 있어?"

세율이의 말에 말문이 턱 막히고 말았다.

그렇게 해서 결국 나와 세율이는 우리 삼촌 아니, 홍 탐정의 조수로 일하게 되었다. 단, 공부에 방해받지 않도록 시간을 조절하는 게 홍 탐정 사무실에서 일하는 조건이었다.

"잘할 수 있겠나?"

"네, 탐정님!"

삼촌이 근엄한 표정으로 묻자 세율이가 군인처럼 씩씩하게 대답했다.

"뭐 해? 얼른 대답해!"

세율이가 옆구리를 쿡쿡 찌르는 바람에 나도 어쩔 수 없이 대답하고 말았다.

"삼촌…… 여기 온 거 엄마한테는 비밀이에요."

내가 삼촌 귀에 대고 속삭이자 삼촌은 빙긋 웃으며 말했다.

"응. 삼촌 회사 그만둔 것도 비밀이야."

둘만의 비밀이 있다는 것은 재미있는 일이었지만 왠지 마음 한구석이 꽉 막힌 것처럼 답답했다.

이런 내 마음을 아는지 모르는지 세율이는 탐정 조수가 된 게 그저 신나는 모양이었다. 나만 보면 삼촌 사무실에 가자고 조르기 일쑤였다.

"우빈아. 오늘 홍 탐정님 사무실 갈 거지? 애들한테 들키면 안 되니까 우리끼리 몰래 가자!"

세율이가 내 귀에 속삭이자 이 모습을 본 수호가 놀리듯 소리쳤다.

"우빈이랑 갈빗집 사장님이랑 사귀나 봐!"

"푸하하, 잘 어울린다!"

"결혼해! 결혼해!"

어느새 다른 아이들이 합세해 우리를 놀리기 시작했다.

"우리 안 사귀거든?"

"안 사귀는데 왜 귓속말해?"

세율이의 말에 수호가 비웃으며 말했다.

"박수호. 그 말 취소해."

나도 화가 나 자리에서 벌떡 일어났다.

"싫은데? 놀리는 건 내 마음이야!"

"내 별명도 취소해! 내 꿈은 이제 갈빗집 사장 아냐."

"그럼 뭔데?"

"그, 그건 비밀이야. 나중에 듣고 놀라지나 마!"

"쳇, 그래 봤자 의사만큼 멋진 꿈은 없을걸?"

수호는 코웃음을 치며 자리로 돌아갔다.

사무실에 도착하자 삼촌이 땀을 뻘뻘 흘리며 벽에 페인트를 칠하고 있었다.

"삼촌…… 아니, 탐정님! 도와 드려요?"

홍 탐정 사무실의 첫 번째 규칙. 사무실에서는 절대 삼촌이라고 부르지 말 것.

"아니, 대신 의뢰서 좀 정리해 줄래?"

삼촌이 가리킨 곳을 보니 A4 용지로 출력된 의뢰서들이 책상 위에 가득 쌓여 있었다.

"와, 많다!"

"이걸 언제 다 정리해."

내가 불평하자 세율이가 팔을 걷어 올리며 말했다.

"우선 의뢰서를 읽어 보고 내용대로 분류하자. 동물은 동물끼리, 물건은 물건끼리, 사람은 사람끼리! 어때?"

"이걸 다 읽자고?"

"그럼! 이게 조수가 할 일이야."

이럴 때 보면 세율이는 꼭 나보다 누나 같다. 조용하고 소극적인 나에 비해 세율이는 언제나 당차고 밝다. 성격만 보면 꿈도 스무 개는 넘을 것 같은데, 아직 꿈이 없다는 게 정말 미스터리다.

"우빈아. 이것 좀 봐."

세율이가 의뢰서 한 장을 읽기 시작했다.

> 홍 탐정님! 제가 키우는 장수풍뎅이를 찾아 주세요. 밤새 열린 창문 틈으로 사라진 것 같아요. 찾아 주시면 제가 가장 아끼는 젤리를 드릴게요!

생각보다 동물, 곤충을 찾아 달라는 의뢰가 많았다. 장수풍뎅이를 찾아 달라고 의뢰한 사람은 아홉 살 여자아이였다. 삐뚤빼뚤 종이에 쓴 글자가 정말 간절해 보였다.

그 외에도 첫사랑을 찾아 달라는 75세 할머니, 잃어버린 기억을 찾아 달라는 대학생, 이사 갈 집을 찾아 달라는 마흔둘의 아저씨까지. 다양한 사람들이 삼촌에게 도움을 요청하고 있었다. 하지만, 우리처럼 '꿈'을 찾아 달라는 사람들은 없었다.

"어? 이것 좀 봐!"

그때 세율이가 의뢰서를 한 장 내밀었다.

"할아버지의 정신을 찾아 주세요?"

내용은 이랬다. 동네에서 30년간 정육점을 한 할아버지가 정신을 잃어버린 것 같으니 정신을 찾아 달라는 내용이었다. 의뢰인은 할아버지의 손녀였다.

"신선 정육점, 우리 동네에 있는 건데?"

"정말? 그럼 주인 할아버지를 본 적이 있겠네?"

"응. 엄마와 자주 갔으니까."

엄마는 꼭 신선 정육점에서 고기를 샀다. 거기 고기가 가격도 저렴하고 맛있다나. 정육점을 방문하면 머리가 흰 할아버지가 반겨 주었는데 한 번은 자기 손녀 또래라며 나에게 요구르트를 쥐여 주기도 했다.

"그때는 이상해 보이지 않았는데."

내가 고개를 갸웃하자 세율이가 책상을 탁 치며 일어섰다.

"김 조수! 얼른 출발하자."

"기, 김 조수?"

"김우빈이니까 김 조수지. 난 오세율이니까 오 조수고."

세율이의 말에 페인트를 칠하던 삼촌도 맞장구쳤다.

"하하. 그럼 앞으로 김 조수, 오 조수로 불러야겠다."

홍 탐정 사무실의 두 번째 규칙. 김우빈은 김 조수, 오세율

은 오 조수로 부르기. 일이 점점 커지는 느낌이 들었지만 나는 한 달만 꾹 참고 규칙을 따르기로 했다.

"뭐 해. 얼른 출발하자니까!"

"어디로?"

"어디긴 어디야. 신선 정육점이지! 할아버지의 정신이 어디로 갔는지 찾아보자고."

"우리가?"

"괜찮죠, 탐정님?"

추리의 '추'자도 모르는 우리가 의뢰인을 만나는 것도 놀라운데 더 놀라운 건 삼촌의 반응이었다.

"그럼. 김 조수, 오 조수의 능력을 한 번 보여 줘. 대신 다녀와서 보고하는 거 잊지 말고!"

"네, 탐정님!"

그렇게 해서 얼렁뚱땅 우리의 첫 번째 사건이 시작되었다.

첫 사건을 해결하라!

"저기다!"

십여 분을 걷자 신선 정육점이 보였다.

"문 잠겼는데?"

"화장실 가신 거 아닐까? 아직 문 닫을 시간 아닌데."

유리문에 얼굴을 바짝 대고 안을 들여다봤지만, 할아버지의 모습은 보이지 않았다.

"할아버지 지금 안 계셔. 나중에 와."

그때 우리 또래의 여자아이가 불쑥 말을 걸었다.

"혹시 네가 정육점 할아버지 손녀 김수아야?"

"응. 왜?"

내 말에 수아가 당황한 얼굴로 물었다.

"이거 네가 보낸 거 맞지?"

세율이가 의뢰서를 내밀자 수아가 놀라 눈을 동그랗게 떴다.

"맞아. 네가 홍 탐정?"

"우리는 홍 탐정의 조수들이야. 나는 오 조수, 얜 김 조수!"

우리의 소개가 끝나기도 전에 수아의 두 눈에 눈물이 가득 고였다.

"혹시나 해서 해 본 건데…… 정말 도와줄 수 있어?"

"당연하지. 홍 탐정님이 얼마나 능력자인데! 네 얘기를 홍 탐정님께 잘 전달할게."

세율이의 말에 마음이 놓였는지 수아가 어렵게 입을 열었다.

"우리 할아버지가 이상해……."

"정확히 뭐가 이상한지 말해 줄 수 있어? 자세히 말해 줘야 도움을 줄 수 있거든."

걱정 반, 호기심 반이었던 나도 점점 이 사건이 궁금해지기 시작했다.

"우리 할아버지는 월요일만 빼고 항상 장사하시는데 얼마 전부터 매일 몇 시간씩 정육점 문을 닫으시는 거야. 오늘도 문 닫고 나가시기에 어디에 가시냐고 물었어. 아무 말씀도 안 하셔서 몰래 따라갔더니⋯⋯."

"따라갔더니?"

우리는 긴장된 얼굴로 꿀떡 침을 삼키며 물었다.

"피아노 학원으로 들어가시는 거야."

"피아노 학원?"

전혀 예상치 못한 대답이어서 나도 모르게 목소리가 커졌다.

"응. 아무래도 우리 할아버지 치매인가 봐. 어떡해⋯⋯."

말을 마치자마자 수아가 주르륵 눈물을 흘렸다.

"너무 걱정하지 마. 진짜 치매인지 아닌지 모르잖아."

"나도 그랬으면 좋겠는데⋯⋯ 며칠 전에 친구들이 길거리에서 할아버지를 봤대. 인사를 했는데 받지도 않으시고 멍하니 피아노 학원 앞에서 서 계셨다는 거야. 그러다가 우울한 얼굴로 어디론가 사라지셨대."

"이상하긴 이상하네. 왜 우울한 얼굴로 피아노 학원 앞에 서 계셨을까?"

세율이가 고개를 갸우뚱하며 중얼거렸다. 수아는 눈물을 닦아 내며 말했다.

"생각해 보니 요즘 할아버지가 조금 이상했어. 식사도 잘 안 하시고 방에 들어가 종일 음악만 들으시고……. 정말 치매면 어떡하지?"

"그러지 말고 우리가 직접 할아버지를 따라가 보자."

"미행을 하자는 말이야?"

내 말에 세율이가 깜짝 놀라며 물었다.

"응. 수아의 심증만 있을 뿐, 치매라는 결정적 증거가 없잖아. 할아버지를 직접 만나면 증거가 나올지도 몰라."

"오. 제법 탐정 같다, 너?"

세율이의 칭찬 때문인지 몰라도 나는 이 사건을 왠지 꼭 해결하고 싶었다.

"내일도 할아버지가 나가시면 우리에게 연락해."

나는 수아에게 연락처를 알려 주고 세율이와 함께 사무실로 돌아왔다.

그리고 다음 날, 수아에게 연락이 왔다.

💬 방금 할아버지가 피아노 학원에 들어가셨어.

딩동 피아노 학원은 정육점에서 5분 거리에 있었다.

우리는 반찬 가게 입간판 뒤에 숨어서 목만 쑥 내놓은 채 피아노 입구를 바라보았다. 내가 맨 앞에 서고 그다음은 수아, 세율이가 맨 뒤에 섰다.

"미, 밀지 마!"

내가 다급하게 속삭이자 맨 뒤에 숨어 있던 세율이가 재촉하기 시작했다.

"아직도 안 보여?"

"응. 혹시 다른 데 가신 건 아닐까?"

"아니야. 어제도 이 시간에 피아노 학원에서 나오는 걸 내 친구가 봤단 말이야."

수아가 자신 있게 말하던 그 순간이었다!

"야옹!"

"으악!"

갑자기 튀어나온 길고양이 때문에 나는 중심을 잃고 쓰러졌다. 그러자 나를 잡고 있던 수아와 세율이까지 우르르 넘어졌다.

"김 조수, 뭐 하는 거야!"

"나, 나 고양이 무서워한단 말이야!"

"무서워도 참아야지. 잠복의 기본은 첫째도 잘 숨기, 둘째도 잘 숨기라고!"

찔끔 오줌을 쌀 뻔했다는 말은 굳이 하지 않았다. 세율이 성격이면 일 년 내내 나를 오줌싸개라고 놀릴 게 분명하니까.

"할아버지?"

그때 우리를 보고 웃음을 참던 수아가 학원 입구를 바라보며 중얼거렸다. 마침 할아버지가 학원 입구에서 나오고 있었다.

"할아버지!"

수아가 엉엉 울며 할아버지에게 달려가자 할아버지는 깜짝 놀라며 수아를 안아 주었다.

"수아야, 왜 그래? 어디 다쳤어?"

"할아버지! 나 누구인지 알아?"

"당연히 알지. 우리 귀여운 수아 아니냐!"

할아버지가 수아의 눈물을 닦아 주자 수아는 그제야 마음이 놓였는지 울음을 멈추었다.

"걱정했잖아. 할아버지 아픈 줄 알고…….."

"아프긴 왜 아파? 할아버지가 얼마나 건강한데! 어제도 돼지 한 마리 번쩍 드는 거 못 봤어?"

"난 할아버지가 치매인 줄 알았단 말이야!"

"뭐? 치매?"

　할아버지는 잠깐 놀란 얼굴을 하더니 이내 동네가 떠나가라 큰 소리로 웃기 시작했다.
　"하하하! 우리 꼬마 아가씨가 왜 그런 생각을 했을까?"
　내가 봐도 할아버지가 치매에 걸린 것 같지는 않았다. 하지만 정육점 문을 닫고 매일 어디론가 사라진다는 건 분명 이상한 일이었다.

"오 조수, 이제 우리가 나설 차례 같은데?"

우리는 조심스레 할아버지에게 다가갔다.

"안녕하세요, 할아버지."

"응? 너는 엄마하고 자주 소불고기를 사러 오던 아이구나. 맞지?"

"네, 맞아요. 이름은 김우빈이에요."

"우리 수아하고 친구인 줄은 몰랐네. 그런데 여기는 무슨 일로 왔누?"

"그, 그게……"

"수아가 저희에게 보낸 의뢰서예요!"

세율이가 할아버지에게 의뢰서를 내밀었다.

"의뢰서?"

의뢰서를 읽은 할아버지는 미간을 한껏 찡그리더니 이내 인자하게 웃었다.

"우선 정육점으로 가자. 가서 얘기하마."

우리는 비밀스러운 이야기라도 들을 것 같아 두근거리는 마음으로 할아버지를 따라갔다.

✦ ✦ ✦

"자, 아이스크림 하나씩 먹으렴. 기다리느라 힘들었지?"

정육점에 도착하자 할아버지는 우리에게 아이스크림을 하나씩 나눠 주었다.

"감사합니다."

아이스크림은 맛있었지만, 할아버지의 이야기만큼 흥미롭지는 않았다. 언제쯤 이야기를 듣게 될까 눈치만 보았다. 그때 세율이가 할아버지께 대뜸 물었다.

"이제 말씀해 주세요! 피아노 학원은 왜 가신 거예요?"

"혹시 정육점으로 오는 길을 잠깐 잃으셨나요?"

나와 세율이의 질문 공세에 당황한 할아버지는 쑥스러워하며 웃었다.

"그게 아니라…… 사실은 얼마 전부터 피아노를 배우고 있단다."

"피아노를요?"

나는 깜짝 놀란 나머지 그만 아이스크림을 떨어뜨리고 말았다.

정육점 할아버지의 꿈

정육점 안은 조용했다. 모두 아이스크림은 먹다 만 채 할아버지만 바라보고 있었다.

"갑자기 피아노는 왜요?"

침묵을 깬 건 수아였다.

"평생소원을 이뤄 보고 싶어서. 내 꿈이 피아니스트였거든."

할아버지는 천천히 이야기를 꺼내기 시작했다.

"어릴 때 우연히 길을 지나가는데 골목에서 아름다운 소리가 들려오더구나. 나도 모르게 그 소리에 이끌려 가 보니 으리으리한 집 안에서 한 소녀가 피아노를 치는 게 아니겠니? 하지만 내 눈에 들어온 건 소녀가 아닌 검은색 그랜드 피아노였어. 동당동당…… 어찌나 소리가 아름답던지 당장 들어가 건반을 눌러 보고 싶었지."

할아버지는 그때의 모습이 선명하게 떠오르는지 눈을 지그시 감았다.

"집에 와서도 동당동당…… 밥을 먹을 때도 동당동당…… 피아노 소리가 계속 귓가를 맴돌더구나."

"피아노를 사서 배우면 되잖아요."

수아가 아이스크림을 핥으며 물었다.

"피아노 살 형편이 안 되었으니까. 지금은 피아노를 쉽게 볼 수 있지만, 그때는 부잣집에서나 볼 수 있는 아주 귀한 물건이었단다. 피아노를 배울 생각은 꿈에도 할 수 없었지."

"그래서 꿈을 포기하신 거예요?"

"포기한 게 아니라 아예 꿀 수가 없었어. 너희처럼 마음만 먹으면 뭐든 할 수 있는 게 얼마나 부러운지 모른단다. 피아노 학원만 지나가면 들어갈까 말까 얼마나 고민되던지. 피아노 선율만 들어도 마음이 먹먹해서 눈물이 나지 뭐야. 그래서 더

늦기 전에 꿈을 이루어 보려고 가까운 피아노 학원을 등록한 거란다."

"와, 정말 멋지세요!"

세율이가 엄지를 세우며 소리쳤다.

"그런 줄도 모르고…… 죄송해요. 할아버지."

수아가 울먹이며 말했다.

"아니야. 솔직하게 말했어야 했는데 괜히 말하기가 창피하더구나. 이제 우리 수아가 알게 됐으니 당당하게 학원에 갈 수 있겠는걸!"

"저랑 같이 다녀요, 할아버지!"

"허허, 그럼 더 좋지!"

할아버지가 수아를 꼭 끌어안자 나도 괜스레 마음이 뭉클해졌다.

우리의 첫 번째 사건은 이렇게 훈훈하게 마무리됐다. 그렇다고 마냥 기분이 좋은 건 아니었다. 할아버지의 이야기가 세율이와 내 마음속에 남아 있었기 때문이다.

"나는 정육점 할아버지가 고기를 좋아해서 정육점을 운영하시는 줄 알았어."

"나도!"

내 말에 세율이가 맞장구를 쳤다.

"어쩌면 말이야. 이 세상에는 할아버지처럼 꿈을 이루지 못한 사람들이 많을지도 몰라. 세탁소 아주머니의 꿈은 발레리나, 택배 아저씨의 꿈은 연기자였을지 누가 알아? 너희 삼촌도 탐정이 꿈인데 십 년이나 회사에 다녔다며."

세율이의 말을 들으니 그럴 것도 같았다. 우리 아빠는 회사원이지만 어렸을 때는 축구 선수가 꿈이었다고 하셨으니까.

"꿈을 찾는 것도 어렵지만, 이루는 건 더욱 어려운 일인 것 같아."

내 말에 세율이가 고개를 끄덕였다.

✷ ✷ ✷

집으로 돌아오는 내내 나는 '꿈'에 대해 생각했다. '꿈'이 뭐기에 정육점 할아버지와 삼촌의 마음속에 오래오래 남아 있었을까?

'차라리 수학 문제처럼 정답이 있으면 좋을 텐데.'

나는 책상에 앉아 공책에 꿈, 장래 희망, 직업이란 단어를 적어 보았다.

> 꿈, 장래 희망, 직업

공책을 오래오래 들여다봐도 답은 나오지 않았다.

정육점 할아버지처럼 간절하게 하고 싶은 게 있다면 얼마나 좋을까? 수호처럼 변하지 않는 꿈이 있다면 얼마나 좋을까?

'그냥 아무 꿈이나 적어서 낼까.'

그러자 나를 한껏 비웃는 수호의 얼굴이 떠올랐다.

수호는 언제나 인기가 많았다. 공부는 내가 조금 더 잘했지만, 운동은 수호가 훨씬 잘했다. 그래서인지 언젠가부터 수호는 나를 견제하기 시작했다. 나 역시 그런 수호가 신경 쓰이기도 해서 이왕이면 수호의 코를 납작하게 해 줄 멋진 꿈을 갖고 싶었다.

"우빈아, 나와서 밥 먹어."

엄마의 부름에 나는 공책을 덮고 거실로 나갔다. 식탁에 앉아도 머릿속은 온통 꿈 생각뿐이었다.

"무슨 고민 있니? 좋아하는 돈가스도 안 먹고."

엄마가 식탁에 마주 앉으며 물었다.

"이 세상에서 의사보다 멋진 직업은 뭐가 있을까요?"

"그건 갑자기 왜?"

"장래 희망 뽐내기 대회 때 발표하려고요."

내 말에 엄마는 흐뭇하게 웃었다.

"그건 너무 쉬운데?"

"정말요? 뭔데요?"

"우빈이가 되고 싶은 거. 그게 의사보다 멋진 직업이지."

"전 초능력자가 되고 싶은데요? 초능력자가 꿈이라고 하면 다들 비웃는단 말이에요."

"초능력자는 현실에서 불가능한 상상 속의 일이지, 직업이 아니잖아. 직업은 돈을 벌어 생계를 유지하는 일이니까 진지하게 고민해야지. 아빠랑 삼촌이 회사원이란 직업을 가진 것처럼 말이야."

삼촌의 이야기가 나오자 나도 모르게 가슴이 뜨끔했다.

"엄마의 꿈은 뭐였어요?"

"간호사! 어렸을 때 나이팅게일 위인전을 읽고 간호사가 돼야겠다고 마음먹었지."

"그럼 엄마는 꿈을 이루었네요?"

"그럼. 그 대신 엄청나게 노력했단다. 간호 대학교에 가려고 열심히 공부했거든. 대학교에 가서는 시험 때마다 좋은 성적을 받으려고 밤새 공부도 했고."

나는 간호사 복장을 한 엄마의 사진을 떠올렸다.

"그런데 아빠는 왜 꿈을 못 이루었을까요? 노력했으면 유명한 축구 선수가 되었을지도 모르잖아요."

"내가 좋아한다고 해서, 또 내가 노력한다고 해서 다 되는 건 아니니까. 아빠도 부상만 아니었으면 꿈을 포기하지는 않았을 거야."

엄마가 내 볼을 살짝 어루만지며 웃었다.

"꿈과 직업이 같으면 참 좋을 텐데. 그럼 정말 행복하겠죠?"

"그럼. 하지만 그만큼 많은 노력이 필요하단다."

엄마의 이야기를 듣다 보니 한 가지 공통점을 찾을 수 있었다. 삼촌, 정육점 할아버지, 아빠까지. 꿈을 이루지는 못했지만 모두 꿈을 갖고 있었다는 것이다.

"수호는 의사가 될 거래요. 저랑 세율이만 장래 희망을 못 찾았어요."

나는 돈가스를 한 입 먹으며 말했다.

"빨리 찾는 게 뭐가 중요해. 제대로 찾는 게 중요하지."

"그래도 빨리 찾고 싶어요. 친구들 모두 꿈 하나씩은 갖고 있거든요. 저만 없으니까 뒤처지는 것 같아요."

"엄마는 조금 늦더라도 우빈이가 좋아하는 일을 찾았으면 좋겠는데?"

엄마가 나를 보며 싱긋 웃었다.

✦ ✦ ✦

장래 희망 뽐내기 대회가 코앞으로 다가왔지만, 삼촌의 업무는 날이 갈수록 바빠졌다. 무엇이든 찾아 준다는 광고 때문인지 정말 무엇이든 찾아 달라는 사람들로 붐볐다.

"오늘은 또 어떤 사건들이 들어왔을까?"

초조한 나와는 달리 세율이는 사무실 일이 마냥 즐거운 모양이었다.

"오세율! 지금 사건이 중요한 게 아니야. 우리 문제부터 해결해야지."

"그거야 홍 탐정님이 다 알아서 해 주실 텐데 뭐."

그때 교실 뒤편에서 왁자지껄 떠드는 소리가 났다.

"와, 잘 춘다!"

내가 힐끔 뒤를 돌아보자 수호가 요즘 인기 있는 그룹의 춤을 추고 있었다.

"수호, 가수 해도 되겠다!"

"맞아. 의사 말고 아이돌 가수 해라!"

아이들이 부러운 눈빛으로 수호를 바라보았다.

"무슨 소리야. 나는 무조건 의사가 될 거야. 춤은 취미로 출 거고."

"공부는 우빈이가 제일 잘하니까 우빈이가 의사를 해야지! 아빠가 의사라고 아들도 의사가 된다는 법 있나?"

세율이가 들으라는 듯 크게 소리쳤다.

"뭐?"

수호가 춤을 추다 말고 발끈하자 다른 아이들도 한마디 덧붙였다.

"맞네. 우빈이 너 아직도 장래 희망 못 찾았으면 그냥 의사로 정해."

"어울린다! 내과 의사 어때? 수호는 외과 의사, 우빈이는 내과 의사!"

나도 의사가 존경받을 만큼 멋진 직업이라고 생각한다. 아픈 환자를 치료해 주고 생명도 살려 주니까. 하지만 그뿐이지 의사가 되고 싶다는 생각은 해 본 적 없다. 내가 세상에서 제일 무서워하는 게 고양이, 그다음이 주삿바늘이기 때문이다. 주삿바늘을 무서워하는 의사가 과연 수술을 잘할 수 있을까?

'수호는 왜 의사가 되고 싶을까?'

수호에게 물어보고 싶었지만 그건 내 자존심이 허락하지 않았다.

"난 의사 별로야."

내 말에 수호가 기분 나쁘다는 얼굴로 쏘아붙였다.

"의사 되기가 쉬운 줄 아냐? 나는 어릴 때부터 아버지 서재에 있던 의학책을 보고 자랐어. 의학 용어들도 꽤 알고 간단한 병명 정도도 문제없지. 내가 마음잡고 공부만 하면 우빈이 성적쯤이야 금방 따라잡을걸?"

"과연 그럴까?"

"뭐? 너 정말 혼나 볼래?"

세율이가 코웃음을 치자 수호가 버럭 화를 냈다.

"세율아, 그만해."

나는 싸움이라도 날까 싶어 얼른 세율이를 데리고 교실을 나왔다.

"안 그래도 얄미운데 오늘따라 더 얄밉게 굴잖아. 저번에도 집에 가는데 내 뒤를 졸졸 쫓아오면서 '갈빗집 사장님, 안녕히 가세요. 돈 많이 버세요.' 이러고 가는 거 있지? 자기가 벌써 의사라도 된 줄 안다니까? 매일 춤만 추러 다니면서."

세율이는 사무실로 가는 내내 수호에 대한 불만을 툴툴 털어놓았다.

"춤을 추러 다닌다고?"

"응. 유튜브에 수호 춤 영상도 있어. 보여 줄까?"

세율이가 핸드폰으로 영상을 재생하자 수호와 비슷한 옷을 입은 아이들 네 명이 꾸벅 인사를 했다.

〈안녕하세요! 저는 자율 초등학교에 다니는 박수호라고 합니다! 저희 댄스 팀의 이름은 댄스 프리입니다. 자유롭게 춤추자는 뜻인데요. 앞으로 저희가 올리는 커버 영상도 많은 응원

부탁드립니다!〉

수호가 가운데에 서서 인사말을 하는 걸 보니 팀의 리더인 것 같았다. 당당하면서도 부끄러워하는 수호의 모습이 꽤 낯설게 느껴졌다.

"수호 춤 잘 추는데?"

"어디서 상도 탔대. 춤을 좋아하긴 하나 봐. 은근히 행복해 보인다니까."

세율이의 말을 듣고 보니 그런 것도 같았다. 학교에서는 본 적 없는 행복한 표정. 마치 춤에 푹 빠져 버린 듯한 얼굴이었다.

수호의 비밀

"왜 이렇게 늦었어?"

사무실에 도착하자 삼촌이 서류를 들고 낑낑대고 있었다.

"오늘은 뭘 하면 될까요, 탐정님?"

세율이가 눈을 반짝이며 묻자, 삼촌은 의뢰서 한 장을 내밀었다.

"이거 한번 읽어 볼래? 너희와 비슷한 고민을 하는 것 같던데?"

"정말요?"

나는 세율이의 손에 들린 의뢰서를 빼앗아서 얼른 읽어 보았다.

"제 꿈을 찾아 주세요. 저는 의사가 되고 싶지 않아요?"

그때 세율이가 문 쪽을 보고 크게 소리쳤다.

"박수호?"

수호가 쭈뼛거리며 문을 열고 들어오고 있었던 거다.

"너희가 여긴 왜……."

수호도 당황하기는 마찬가지였다.

"같은 반 친구였구나! 하하, 잘됐다. 서로 고민이 같으니까 셋이 의기투합해서 문제를 해결해 봐. 나는 더 급한 의뢰가 있어서 가 봐야 하니까!"

얄미운 삼촌은 자초지종을 묻기도 전에 우리만 남겨 두고 사무실을 나가 버렸다.

'수호가 같은 반인 거 알고, 일부러 사무실로 부른 게 분명해. 무슨 탐정이 저래!'

나는 입술을 삐죽 내밀며 삼촌을 원망했다.

"이거 네가 쓴 거지?"

세율이가 수호에게 의뢰서를 내밀며 물었다.

"아, 아니? 내가 쓴 거 아닌데?"

"그러면 여기 왜 온 거야?"

수호는 잠시 머뭇거리다가 변명을 늘어놓았다.

"지, 지나가다가 탐정 사무실이라고 적혀 있어서 궁금하기도 하고 신기해서 잠깐 들어와 본 거야. 그러는 너희는 왜 여기 있어?"

"우리 삼촌 사무실이거든."

"삼촌? 홍 탐정이 네 삼촌이야?"

"응."

내 말에 수호는 적잖이 당황한 것 같았다.

"삼촌은 그 의뢰서 네가 쓴 거라고 하던데?"

수호는 그제야 의뢰서에 큼지막하게 적혀 있는 자신의 이름을 확인했다.

"무조건 의사가 될 거라고 큰소리치더니 다 거짓말이었어?"

"그, 그게……."

"거짓말쟁이! 애들에게 다 이야기할 거야!"

우리가 몰아붙이자 수호는 바닥에 털썩 주저앉으며 울음을 터트렸다.

"그럼 어떡해! 나보고 꼭 의사가 되라는데! 나도 싫어! 의사 되기 싫다고!"

그런 수호의 모습은 처음이어서 나 역시 당황스러웠다.

"야, 뭘 그렇다고 울기까지 하냐?"

당황한 세율이가 휴지를 건네주며 말했지만, 수호의 울음은 잦아들지 않았다.

"애들한테 얘기 안 할 거니까 그만 울어."

"저, 정말이야?"

"응."

수호가 훌쩍이며 물었다.

"이야기하고 있으랬더니 친구랑 싸운 거야?"

서류를 두고 간 삼촌이 사무실로 되돌아오다 우리를 보고 깜짝 놀라 물었다. 우리는 삼촌에게 좀 전에 있었던 일을 털어놓았다.

"그런 일이 있었구나. 그래도 용기가 대단한데?"

"용기요?"

삼촌의 말에 수호가 의아한 표정을 지으며 물었다.

"응. 진짜 꿈을 찾으려는 용기! 그게 얼마나 대단한 건데."

삼촌 말이 기분 좋았는지 수호가 퉁퉁 부은 얼굴로 살짝 미소를 지었다.

"소문 안 낸다고 약속할 수 있어?"

이번에는 수호가 우리에게 물었다.

"무슨 소문?"

"나 운 거랑 의사가 꿈 아닌 거."

"창피해?"

"당연하지. 애들이 거짓말쟁이라고 놀릴 테니까."

수호의 눈에 또 그렁그렁 눈물이 맺혔다.

"그런데 왜 의사가 꿈이라고 거짓말했어?"

"아빠가 정해 주셨으니까. 엄마, 할머니, 할아버지도 당연히 그래야 한다고 하셨고……. 내가 의사를 좋아하는지, 싫어하는지는 아무도 관심 없더라."

"의사가 되기 싫다고 말하면 되잖아."

"가족들이 모두 원하니까. 게다가 의사는 존경받는 직업이잖아. 의사가 되면 모두 나를 부러워할 거라고 생각하니까 기분은 좋았어. 친구들도 아버지를 따라 당연히 의사가 될 거라 믿는 것 같았고. 하지만 그것뿐이야. 나는 의사 진짜 싫어."

수호의 속마음을 들으니 왜 의사라는 꿈에 집착했는지 조금은 이해할 수 있었다. 한편으로는 원하지도 않은 꿈을 꾸어야 했던 수호가 안쓰럽기도 했다.

"말도 안 돼! 왜 가족이 직업을 결정해?"

세율이가 화를 냈다. 가만히 듣고 있던 삼촌이 입을 열었다.

"아주 옛날에는 그랬어. 가문이나 신분에 따라 직업이 결정됐지. 가문 대대로 가죽을 만들어 왔다면 나도 가죽 만드는 일을 해야 했고, 내 신분이 소나 돼지를 도축하는 백정이라면 아무리 똑똑해도 백정이 될 수밖에 없었어."

"정말요?"

놀라우면서도 슬픈 마음이 들었다. 옛날 사람들도 장래 희망은 있었을 텐데 어떻게 원하지도 않는 일을 평생 하며 살았을까?

"하지만 지금은 그렇지 않아. 누구나 자유롭게 꿈을 꾸고 꿈을 이루기 위해 노력하지. 노력한다고 다 이루는 건 아니지만 그래도 꿈을 이루기 위해 도전했다는 것만큼 의미 있는 일도 없어. 왜냐하면 내가 원하는 일을 한다는 건 정말 행복한 일이거든. 모든 부모는 자식이 행복하길 원한단다. 수호가 진심을 전달하면 부모님도 이해해 주실 거야."

"정말 그럴까요?"

"그럼! 이 홍 탐정을 믿어 봐."

삼촌의 말에 수호는 안심했는지 살짝 웃었다.

"그럼 진짜 꿈은 뭐야? 혹시 댄서야?"

"그걸 어떻게 알았어?"

"네 유튜브 영상 봤거든. 춤 잘 추더라."

"춤이 좋긴 한데 춤만 좋은 건 아니야."

"그럼 또 뭐가 좋은데?"

"그림 그리는 것도 재미있고, 랩을 하는 것도 좋아. 요리도 재미있고!"

수호는 언제 울었냐는 듯 신나게 말을 이어 갔다.

"그림 그릴 때는 화가가 되고 싶고 랩을 할 때는 래퍼가 되고 싶어. 요리할 때는 유명 요리사가 되어 멋진 레스토랑을 운영하고 싶고. 나는 꿈이 너무 많아서 문제야. 되고 싶은 게 정말 많거든."

"좋겠다. 나는 되고 싶은 게 없는데."

솔직히 수호가 부러웠다. 꿈이 많은 게 아예 없는 것보다는 훨씬 나으니까.

"난 꿈이 딱 하나 있었는데 네가 비웃는 바람에 포기했어."

"미, 미안해. 솔직히 그때는 정말 웃겼거든."

세율이가 입술을 삐죽거리자 수호가 미안한 표정을 지었다.

"탐정님! 갈빗집 사장이 꿈인 게 그렇게 웃겨요?"

"웃기긴. 그것 또한 멋진 직업이지. 맛 좋은 음식으로 사람들에게 영양도 공급하고 즐거움도 주잖아."

"그렇죠? 그런데 수호가 갈빗집 사장이라고 매일 놀리지 뭐예요! 그래서 제 꿈도 바꾸려고요."

"솔직히 제 친구 중 음식점 사장이 꿈인 애는 한 명도 없거든요. 다들 의사, 판사, 교사가 꿈이라서요."

수호가 머리를 긁적이며 말했다.

"옛말에 직업에는 귀천이 없다고 했어. 귀한 직업, 천한 직업 구분 없이 모든 직업은 가치가 있다는 뜻이지. 어떤 직업이 좋다 나쁘다 평가하기보다는 세율이가 왜 갈빗집 사장이 되고 싶은지 그 이유가 더 중요하지 않을까?"

"돈을 잘 버니까요! 우리 동네에 맛 좋아 갈빗집이라고 있는데 장사가 진짜 잘되거든요. 저도 그 사장님처럼 돈을 많이 벌고 싶어요."

세율이가 설레는 표정으로 말했다.

"만약 생각만큼 돈을 잘 벌지 못하면?"

"그건 싫어. 돈을 못 벌면 굳이 갈빗집을 할 이유가 없지."

"장사 진짜 힘든데. 우리 이모가 식당을 하시는데 주말에 쉬지도 못하고 여행은 꿈도 못 꾸셔. 하지만 요리가 좋아서 힘들어도 참을 수 있대. 사람들에게 요리를 대접하는 게 가장 행복하대."

수호가 진지하게 자신의 이모 이야기를 털어놓았다. 그 말을 듣고 세율이는 웅얼댔다.

"나는 요리하기 싫은데."

"그런데 식당 주인이 되겠다는 거야?"

"요리는 싫지만 먹는 건 좋아하니까 괜찮지 않을까?"

"뭐?"

세율이의 말에 나와 수호가 웃음을 터트렸다.

"세율이는 돈을 많이 벌고 싶은가 보구나?"

가만히 듣고 있던 삼촌이 말했다.

"꼭 그런 건 아니지만…… 돈이 많으면 좋잖아요!"

"많으면 좋지. 하지만 즐겁게 일해야 돈도 많이 벌 수 있지 않을까?"

삼촌의 말에 세율이도 고민에 빠진 표정이었다.

"아무래도 너희에게 특단의 조치가 필요할 것 같다. 이대로 가다간 꿈은커녕 아무것도 못 찾겠어."

"안 돼요!"

우리의 간절한 외침에 삼촌은 씩 웃으며 말했다.

"그럼 과제 하나 내줄게. 최대한 많은 사람을 인터뷰하도록! 학생에게는 장래 희망은 무엇인지, 왜 그 꿈을 갖게 되었는지 물어보고 어른에게는 어떻게 해서 그 직업을 갖게 되었는지 인터뷰해 봐. 그럼 너희가 찾는 해답이 나올지도 모르니까."

"학원 숙제도 많은데 여기서도 숙제해요?"

"꿈을 찾아 달라고 의뢰하지 않았나?"

"삼촌…… 아니, 탐정님이 찾아 주셔야죠."

"홍 탐정의 조수라면 스스로 추리할 줄 알아야지. 그럼 부지런히 움직이도록! 난 바빠서 이만!"

삼촌은 바람처럼 문밖으로 사라졌다. 아무리 생각해도 삼촌한테 속은 기분이었다.

"무엇이든 찾아 준다더니 결국 우리가 찾아야 하는 거야?"
수호가 퉁퉁 부은 눈을 깜박이며 물었다.
"인터뷰만 해 오면 탐정님이 정답을 딱 주실지도 몰라."
"오, 그럴까?"
세율이의 말에 수호의 표정도 이내 밝아졌다.
"삼촌은 우리가 찾길 바라는 거야. 꿈이라는 범인을."
"꿈이라는 범인?"
우리는 사건 현장에 출동하는 탐정처럼 서둘러 사무실을 나왔다.

꿈은 꾸라고 있는 거야

씩씩하게 사무실을 나왔지만, 누구를 인터뷰해야 할지 감이 오지 않았다. 그렇다고 모르는 사람들을 인터뷰할 수도 없었다. 세율이라면 길 가는 사람 아무나 붙잡고 인터뷰할 텐데. 이럴 때마다 세율이의 적극적인 성격이 부러웠다.

"어? 학원이네?"

걷고 또 걷다 보니 어느새 학원 앞에 와 있었다.

"학원에서 하면 되겠다! 왜 그 생각을 못했지?"

학원에는 선생님, 중학교, 고등학교에 다니는 형이랑 누나들이 있으니 인터뷰하기에는 안성맞춤이었다.

나는 얼른 학원으로 올라갔다.

✶ ✶ ✶

창문으로 교무실을 들여다보자 국어 선생님이 혼자 교재를 연구하고 계셨다. 나는 똑똑 노크하고 교무실로 들어갔다.

"선생님, 안녕하세요? 저, 괜찮으시면…… 인터뷰 좀 해 주실래요?"

"인터뷰?"

갑자기 찾아온 나를 보고 선생님이 깜짝 놀라 물었다.

"제가 묻는 질문에 대답만 해 주시면 돼요."

"좋아. 어떤 질문인지 무척 궁금한걸?"

선생님이 흔쾌히 응해 주신 덕분에 인터뷰는 수월하게 진행됐다.

"선생님은 언제부터 선생님이 되겠다고 생각하셨어요?"

"글쎄. 대학원을 졸업하고 나서부터? 원래 내 꿈은 아나운서였어."

"아나운서는 왜 포기하셨어요?"

"아나운서 학원도 다니고 열심히 노력했는데 번번이 시험에 떨어졌거든. 점점 자신도 없어지고 나이는 먹고 직업이 없으니 불안하고…… 그래서 다른 일을 찾자고 결심했지."

"그런데 왜 학원 선생님이 되신 거예요? 다른 직업도 많잖아요."

"그러게. 왜 학원 선생님이 됐을까?"

선생님은 옛 기억이 떠오르는지 살짝 미소를 지었다.

"아이들을 워낙 좋아했고 가르치는 직업이 보람 있어서? 아나운서도 말을 하는 일이잖아. 학원 선생님도 학생들 앞에서 말하는 일이니까 적성에 잘 맞는 것 같았어. 표면적으로는 이런 이유인데, 사실 정확한 답은 잘 모르겠네. 그냥 자연스럽게 학원 선생님이 된 것 같은데?"

"지금 직업 말고 또 다른 꿈이 있으세요?"

"그럼! 학원에 다니지 못하는 아이들을 위해서 봉사하고 싶어. 작은 공부방을 차려서 아이들에게 무료로 공부를 가르쳐 주고 싶거든."

선생님의 말을 공책에 적던 나는 깜짝 놀라 고개를 들었다.

생각지도 못한 꿈이었기 때문이다.

"정말 멋진 꿈이에요!"

선생님은 쑥스럽다는 듯 미소를 지었다.

"하하, 고맙다."

"인터뷰 감사합니다. 큰 도움이 되었어요."

"그렇다면 다행이네."

선생님이 나를 보고 밝게 웃었다.

교무실을 나와 강의실을 기웃거리다가 이번에는 수진이 누나를 만났다.

"우빈아, 너 왜 중등반에 있어?"

"아, 숙제할 게 있어서."

"숙제?"

"응. 누나가 도와주면 훨씬 빨리 끝날 것 같은데……."

중학교 3학년인 수진이 누나는 우리 집 아래층에 산다. 간혹 아파트 앞에서 마주치면 누나가 나에게 빵이나 과자 등을 사 주어서 나도 곧잘 누나를 따랐다.

"좋아. 아직 수업 시작하기 전까지 시간 좀 남았으니까 네 숙제 도와줄게. 뭔데?"

"인터뷰!"

"인터뷰?"

"응. 내가 하는 질문에 대답만 하면 돼!"

"오, 재미있겠다."

나는 빈 강의실에 들어가 수진이 누나를 인터뷰했다.

"누나는 꿈이 뭐야?"

"음, 작곡가. 유명한 작곡가가 되어서 좋은 노래를 많이 만들 거야."

"언제부터 작곡가가 꿈이었어?"

"일곱 살 때부터. 그 뒤로 한 번도 안 바뀌었어."

"진짜? 왜 작곡가가 되겠다고 결심했어?"

"일곱 살 때 극장에 가서 만화 영화를 봤는데 그 영화에 나온 음악이 너무 좋은 거야. 그때부터 그 음악만 종일 들었어. 밥 먹을 때도, 잘 때도, 공부할 때도, 걸을 때도. 우울한 일이 있을 때는 그 음악을 들으면 기분이 좋아졌어. 공부가 안 될 때 그 음악을 들으면 이상하게 공부가 잘되는 것 같았어. 그때 알았지. 음악이 사람에게 얼마나 큰 영향을 미치는지를. 그래서 나도 누군가에게 위로와 희망을 주는 훌륭한 작곡가가 되어야겠다고 다짐했어."

"멋지다! 그런데 작곡가가 되려면 어렵지 않아?"

"어렵지. 공부도 공부지만 실기도 봐야 해. 그래도 꿈을 이루려면 그 정도 노력은 해야지."

나는 처음으로 수진이 누나가 멋있다고 생각했다. 누나의 반짝반짝 빛나는 눈빛을 보니 기필코 작곡가의 꿈을 이룰 것만 같았다.

수진이 누나의 인터뷰를 마친 뒤 마지막으로 상철이 형을 기다렸다. 고등학교 2학년인 상철이 형은 우리 반 조상훈의 친형이어서 나랑도 잘 알았다. 나는 선생님과 수진이 누나의 인터뷰를 정리하며 상철이 형이 오기만을 기다렸다. 얼마 뒤 농구공을 들고 상철이 형이 나타났다.

"형!"

"꼬맹이. 여기서 뭐해?"

"형 기다렸어."

"날? 왜?"

"인터뷰하려고!"

인터뷰라는 말에 형이 당황한 듯 웃었다.

"또 학교 숙제구나? 이 형님은 바쁘니까 다른 사람한테 부탁해라."

"안 돼! 꼭 형한테 해야 해."

"왜?"

"다른 형들은 안 친하단 말이야……."

내 말에 상철이 형은 잠시 고민하더니 흔쾌히 말했다.

"좋아. 대신 길게는 못한다."

"알았어!"

나는 서둘러 인터뷰 내용을 적을 공책을 펼치고 형에게 물었다.

"형은 장래 희망이 뭐야?"

"장래 희망? 되게 많은데? 농구 선수나 프로게이머, 아니면 나라 지키는 군인? 건축가도 재미있을 것 같아."

"딱 하나만 고른다면 어떤 직업을 고를 거야?"

"그건 너무 어려워. 아직 고민 중이거든. 우선 대학을 먼저 가야지."

"대학에 가면 직업이 정해져?"

"선배들을 보니까 어떤 과를 가는가에 따라 진로가 결정되

더라고. 건축학과에 가면 자연스럽게 건축가의 길로 가는 것처럼."

"그럼 언제쯤 장래 희망을 결정할 거야?"

"그건 모르지. 갑자기 새로운 장래 희망이 생길 수도 있고, 좋아하던 게 갑자기 싫어질 수도 있으니까."

형은 곧 수업이 시작된다며 인터뷰를 중단했다. 그러고는 마지막으로 이런 말을 남겼다.

"내가 너만 했을 때는 과학자가 꿈이었는데 그 후로 열 번이

나 꿈이 바뀌었어. 사실 앞으로도 몇 번 더 바뀔지도 몰라. 꿈은 꾸라고 있는 거니까."

왠지 오늘따라 상철이 형이 더 의젓하게 보였다.

'꿈은 꾸라고 있는 것이다.'

나는 형이 해 준 말을 공책에 큼지막하게 적었다.

꿈이 없는 건 창피한 게 아냐

다음 날 우리 셋은 수업이 끝나자마자 삼촌의 사무실로 향했다.

"홍 탐정님!"

사무실에 들어가자 머리가 희끗한 할머니가 삼촌과 이야기하고 있었다.

"그러니까 오늘 아침에 집에서 키우던 삐약이가 사라졌다는 거죠?"

"그렇다니까 그래! 대체 어디로 간겨……. 우리 삐약이 종일 굶었을 텐디."

할머니는 옷소매로 눈물을 닦으며 울먹였다.

"우선 할머니 댁을 살펴봐야겠습니다. 가시죠."

삼촌이 겉옷을 입었다. 우리는 냉큼 삼촌의 옷을 붙들었다.

"홍 탐정님! 저희는요?"

"오늘은 저희 꿈 찾아 주시는 날인데요?"

"지금 급하니까 나중에 하자. 너희끼리 얘기 좀 하고 있어!"

삼촌은 또 우리만 남겨 두고 할머니와 사무실을 나갔다.

"뭐야……. 이제 곧 발표인데."

"이러다가 아무것도 못 찾는 거 아냐?"

세율이와 수호가 실망스러운 표정을 지었다.

"우리끼리 인터뷰 내용으로 추리해 보자. 삼촌이 이 과제를 내준 데에는 분명 이유가 있을 거야."

내 말에 수호와 세율이가 어쩔 수 없다는 듯 공책을 펼쳤다.

"나는 학원 국어 선생님, 고3 상철이 형, 중3 수진이 누나, 아르바이트 선생님까지 4명을 인터뷰했어."

"나는 우리 엄마, 아빠, 누나 그리고 이모랑 사촌 형을 인터뷰했어."

"나는 마트에서 일하는 언니, 문구점 아저씨, 치과 의사 선생님, 간호사 선생님, 도서관에서 공부하던 고1 언니와 오빠, 농구장에서 농구 하던 대학생 오빠 세 명, 우리 집에 택배 배달하는 아저씨까지 모두 열 명을 인터뷰했어."

"와, 세율이 진짜 많이 했다."

"많이 하긴 했는데, 결과는 별로야."

"왜?"

"간호사 선생님 말고는 모두 어릴 때 하고 싶었던 꿈과 다른 직업을 갖고 있었어. 마트 언니는 가수, 문구점 아저씨는 교사, 치과 의사 선생님은 과학자가 꿈이었대!"

"우리 아빠도 원래 꿈이 의사가 아니었대."

"정말?"

"응. 원래는 경찰관이 꿈이었는데 중2 때 교통사고가 난 뒤로 꿈이 아예 바뀌었대."

"왜? 혹시 머리를 크게 다치셨어?"

세율이가 걱정스러운 표정으로 물어보자 수호가 웃음을 터트렸다.

"아니. 입원한 병원의 의사 선생님이 정성껏 치료해 준 덕분에 금방 퇴원할 수 있었는데 그때부터 아픈 환자들을 치료하는 의사가 되겠다고 다짐하셨대."

"그래서 너도 의사가 되길 바라시나 봐."

내가 묻자 수호가 고개를 끄덕거렸다.

"응. 공부를 열심히 해서 아픈 사람들을 치료하고, 사회에 좋은 일을 하는 사람이 되면 좋겠다고 하셨어."

"그래서 그러겠다고 했어?"

"아니? 춤, 그림, 요리로도 사회에 좋은 일을 할 수 있을 거라고 했어. 그랬더니 웃으면서 꽉 안아 주시던데?"

"와, 수호 멋있다!"

세율이가 엄지를 들며 말했다.

"이제 네 진짜 마음을 알았으니까 더 이상 꿈을 강요하지 않으실 거야."

"응. 마음이 편해졌어."

내 말에 수호가 쑥스러운지 살포시 웃었다.

"우빈아, 너는 인터뷰 어땠어?"

세율이가 나를 보며 물었다.

"나도 너희와 비슷해. 학원 선생님을 인터뷰했는데 두 분 다

원래 꿈이 따로 있었고, 학원 강사가 된 이유도 정확히는 모르겠다고 하셨어. 그냥 자연스럽게 이 직업을 갖게 되셨대."

"문구점 아저씨도 그랬는데! 직장을 다니다 적성에 안 맞아서 그만두고 이것저것 알아보다가 자연스럽게 문구점을 하게 됐다고. 어쩜 다들 대답이 비슷하지?"

"확실하게 이 직업을 갖겠다고 다짐한 경우는 별로 없는 것 같아."

내 말에 세율이와 수호도 고개를 끄덕였다.

"우리 담임 선생님은 어릴 때부터 꿈이 교사였다고 하셨잖아. 그런데 내가 인터뷰한 고등학생, 대학생 언니 오빠들은 모두 꿈이 바뀌었더라고."

"우리 사촌 형도! 컴퓨터 프로그래머에서 공무원으로 바뀌었대."

"내가 인터뷰한 학원 형도 그랬어. 아직도 뭘 해야 할지 잘 모르겠대. 그런데 수진이 누나는 어릴 때부터 작곡가가 꿈이었고 지금도 변하지 않았다고 했어. 대학교도, 학과도 이미 다 정했더라고. Y대 작곡학과."

"나 알 것 같아! 어릴 때부터 꿈이 확실한 사람은 그 꿈을 이루기 위해 노력하고, 꿈이 없거나 많은 사람은 지금도 꿈을 찾고 있는 거야."

세율이가 확신에 찬 목소리로 말했다.

"나도 그렇게 생각해. 꿈이 확실하면 정말 좋겠지만 그렇지 않은 사람들이 더 많은 것 같아. 그러니까 꿈이 없다고 좌절할 필요는 없어. 앞으로 계속 찾으면 되는 거니까."

"맞아! 내 꿈은 여러 개지만 내가 뭘 더 좋아하는지 알아 갈 거야. 그러다 보면 진짜 하고 싶은 일이 뭔지 알게 되겠지?"

수호가 나를 보며 씩 웃었다.

"많이 기다렸지?"

그때 삼촌이 다급하게 사무실로 들어왔다.

"삐약이 찾느라 온 동네를 돌아다녔지 뭐야. 휴, 덥다."

"여기요."

나는 토론 내용을 정리한 공책을 삼촌에게 전달했다.

"저희끼리 인터뷰한 내용을 정리한 거예요."

"그래? 놀고 있을 줄 알았더니 대단한데?"

삼촌은 소파에 앉아 공책을 찬찬히 읽기 시작했다.

"인터뷰를 한 결과, 우리는 한 가지 공통점을 알게 되었다.

꿈이 있는 사람들은 그 꿈을 이루기 위해 노력하고, 꿈을 찾지 못한 사람들은 지금도 꿈을 찾아다닌다는 것을. 어른이 되면 꿈은 당연히 이룬다고 생각했지만 그건 우리의 착각이었다. 어른 중에는 꿈을 이루지 못한 사람도 있었고, 자신이 왜 이 직업을 갖게 되었는지 모르는 사람도 있었다. 어른들도 잘 모르는 걸 아직 어린 우리가 알 수는 없다. 우리에게 꿈이 없다는 건 창피한 일이 아니라 당연한 거다."

삼촌은 천천히 내 정리 공책을 다 읽었다. 나는 숙제 검사를 받는 학생처럼 긴장된 표정으로 서 있었다.

"이거 우빈이가 정리한 거니?"

"네······."

잘못한 것도 없는데 괜히 가슴이 조마조마했다.

"잘 썼는걸? 문장도 깔끔하고 요점도 확실해서 무얼 말하려는지 귀에 쏙쏙 들어와."

느닷없는 삼촌의 칭찬에 나는 얼굴이 빨개졌다. 물론 기분도 좋았다.

"우빈이 저번에 글짓기 대회에서 상 받았어요!"

수호가 나보다 더 들뜬 목소리로 소리쳤다.

"정말? 우빈이가 책을 좋아하는 건 알고 있었는데 글도 잘 쓰는지는 몰랐네?"

"그냥 글 쓰는 게 재미있어서……."

내가 쑥스러워서 말끝을 흐리자 세율이와 수호가 불쑥 끼어들었다.

"나는 글 쓰는 게 제일 싫어! 차라리 종일 등산을 할래. 산 정상에 오르면 기분이 좋거든."

"난 그림을 그릴래. 생각나는 대로 그리면 진짜 진짜 신나거든!"

"오호, 바로 그거야!"

친구들의 말을 가만히 듣던 삼촌이 무릎을 탁 치며 외쳤다.

"뭐가요?"

세율이가 놀란 표정으로 묻자 삼촌이 씩 웃음을 지었다.

"너희 꿈 말이야. 어느 정도 찾은 것 같은데?"

"정말요?"

"제 꿈은 뭔데요?"

"제 꿈도 알려 주세요!"

"저도요!"

"그건 너희가 알고 있잖아. 그것도 아주 정확히!"

우리가 앞다투어 재촉하자, 삼촌은 대답 대신 또 다른 질문으로 우리를 궁리하게 만들었다.

"너희가 인터뷰한 어른들을 잘 떠올려 봐. 대부분이 꿈과는 다른 직업을 가졌지만 어릴 때 모두 꿈을 갖고 있었어. 그렇지?"

"네. 그런데 그게 저희 꿈과 무슨 상관이 있어요?"

"상관이 있지. 우빈아, 학원 선생님은 왜 아나운서가 되고 싶으셨을까?"

"어릴 때부터 사람들 앞에서 이야기하는 걸 좋아했대요. 그래서 아나운서가 되어 많은 사람에게 정보를 전달하겠다고 마음먹었고요."

"그렇구나. 그럼 수호 아버지는 처음에 왜 경찰관이 꿈이었을까?"

"어릴 때부터 남을 돕는 걸 좋아하셨대요. 경찰관이 되면 어려운 이웃도 돕고, 나쁜 도둑도 잡으니까 크면 꼭 경찰관이 되겠다고 다짐하셨고요."

"어릴 때부터 아주 훌륭한 생각을 하셨네. 그다음 세율이!

마트 언니의 꿈은 뭐였지?"

"가수요. 노래 부르는 걸 엄청나게 좋아했나 봐요. 밤에도 시끄럽게 노래를 불러서 여러 번 혼이 났대요. 그런데 이건 왜 물어보시는 거예요?"

"여기에 너희 꿈의 힌트가 있으니까."

삼촌이 팔짱을 낀 채 의미심장하게 웃었다.

"너무 어려워요. 좀 쉽게 설명해 주시면 안 돼요?"

내가 답답하다는 듯 묻자 삼촌은 팔짱을 풀고 탁자 앞에 앉았다.

"사람들 앞에서 이야기하는 걸 좋아한 학원 선생님, 남을 돕는 걸 좋아하던 수호 아버지, 노래하는 걸 좋아하던 마트 언니. 이들의 공통점을 잘 생각해 봐."

"모두 좋아한 게 하나씩 있었어요."

나도 모르게 손을 번쩍 들고 말했다.

"딩동댕, 정답!"

삼촌이 활짝 웃으며 손뼉을 쳤다.

"어릴 때 좋아하던 것이 곧 꿈이 된 거야. 이야기하는 걸 좋아한 학원 선생님은 말로 정보를 전달하는 아나운서가 되고

싶었고 남을 돕는 걸 좋아하던 수호 아버지는 시민을 도와주는 경찰관이 되고 싶었어. 마트 언니는 노래 부르는 걸 좋아해서 가수가 되고 싶었고. 그러니까 꿈이라는 건……."

"내가 좋아하는 것이다!"

"아휴, 깜짝이야!"

세율이가 크게 소리치는 바람에 옆에 있던 수호가 놀라 벌떡 일어섰다.

"그럼 저희가 좋아하는 게 곧 꿈이 되는 거예요?"

내 말에 삼촌은 좋은 질문이라는 듯 엄지손가락을 들었다.

"반드시 꿈이 된다고는 할 수 없지만, 너희가 좋아하는 걸 장래 희망으로 삼으면 훨씬 행복할 거야. 좋아하는 일을 평생 직업으로 갖게 되는 거니까."

그제야 삼촌이 왜 우리에게 인터뷰 숙제를 냈는지 알 것 같았다. 다른 사람들이 어떻게 꿈을 갖게 되었는지 우리 스스로 깨닫게 하고 싶었던 거다. 나는 처음으로 삼촌이 진짜 탐정 같다고 생각했다.

"하지만 저는 좋아하는 게 정말 많은걸요?"

수호가 울상을 지으며 말했다.

"그것들 사이에서 또 공통점을 찾으면 되지."

그때 요란하게 전화벨이 울렸다.

"여보세요! 무엇이든 찾아 드리는 홍 탐정입니다. 아, 무인 빨래방에 넣어 둔 빨랫감이 몽땅 사라졌다고요? 주소가 어떻게 되죠? 아하, 알겠습니다. 홍 탐정 바로 출발합니다!"

전화를 받은 삼촌은 부랴부랴 사무실을 나서며 우리에게 말했다.

"내가 진짜 좋아하는 게 뭔지 잘 생각해 봐!"

사무실 문이 쾅 닫히자 긴장도 풀리는 느낌이었다.

"너희 삼촌 진짜 힘들겠다. 매일 사건 때문에 저렇게 뛰어다니고."

"원래 엄청나게 큰 장난감 회사에 다니셨는데 탐정 꿈을 이루기 위해 그만두셨대."

"정말? 장난감 회사에 계속 다녔으면 우빈이가 새 장난감 선물을 많이 받았을 텐데."

수호의 말대로 나 역시 아쉬움이 없는 건 아니었다. 멋진 회사를 다니는 삼촌은 마치 영화 속 영웅처럼 근사해 보였으니까.

하지만 어른이 되어 꿈을 이룬다는 게 얼마나 용기 있는 일인지 조금은 알 것 같았다. 큰 회사가 아니어도, 많은 돈을 벌지는 못해도 내가 좋아하는 일을 하는 게 가장 행복하다는 걸 삼촌이 알려 주는 것 같았다.

"그래도 행복해 보여. 우리 삼촌."

내 말에 세율이와 수호가 고개를 끄덕거렸다.

장래 희망 뽐내기 대회

 다음 날, 우리는 수업이 끝나자마자 학교 앞 분식집으로 향했다.
 "떡볶이 2인분, 순대 1인분, 튀김 1인분이요!"
 "너무 많이 시키는 거 아냐? 나 용돈 거의 다 썼단 말이야."
 수호가 대뜸 주문하자 세율이가 화들짝 놀라며 물었다.
 "걱정하지 마. 오늘 특별 용돈 받았거든!"

수호가 만 원짜리 한 장을 흔들며 웃었다.

"특별 용돈은 뭐야?"

"내가 특별히 착한 일을 했거나 좋은 일을 할 때 받는 용돈! 너희 맛있는 거 사 주려고 어제 아빠 책상을 정리했지."

내 질문에 수호가 자랑스럽게 대답했다.

"우리 때문에? 왜?"

마침 주문한 분식이 나오자 세율이가 오징어튀김 하나를 집으며 물었다.

"사과하려고. 장래 희망을 발표하던 날에 내가 너희를 놀렸잖아……."

수호는 그때 생각이 나는지 미안한 표정을 지었다.

"솔직히 그때 좀 심술 났어. 난 거짓말로 의사가 될 거라 말했는데, 우빈이 너는 솔직하게 꿈이 없다고 했잖아. 네 용기가 부럽고 질투 나서 나도 모르게 널 괴롭혔나 봐. 미안해……."

"괜찮아. 지금이라도 진심을 말해 줘서 고마워."

"나는! 나는 왜 놀린 건데?"

그때 세율이가 끼어들며 물었다.

"그건…… 진짜 웃겨서 놀린 거야."

"뭐라고?"

세율이가 발끈하자 수호와 나는 그만 웃음보가 터져 버렸다.

"미안, 미안. 다시는 안 놀릴게. 갈빗집 사장님도 멋진 직업이니까!"

수호가 거듭 사과하자 세율이의 화도 금세 누그러졌다.

"갈빗집 사장이 되고 싶었던 건 맞지만, 그 일을 평생 행복하게 할 수는 없을 것 같아. 아무래도 가게에서 음식만 만드는 건 내 적성이랑 안 맞는 것 같거든."

"그럼 뭐가 적성에 맞는데?"

"모험하는 거!"

세율이가 신이 난 듯 소리쳤다.

"나는 하늘에 날아다니는 비행기를 보는 게 좋아. 저 비행기는 어디로 갈까? 미국? 아프리카? 호주? 이집트? 비행기가 가는 곳이 어디인지 상상하면 가슴이 두근두근 설레. 컴퓨터로 상상한 나라들을 찾아보고 그곳에 사는 사람들이나 동물들을 검색해 봐. 나중에 직접 비행기를 타고 그 나라에 가는 꿈을 꾸면 정말 행복해!"

세율이의 표정은 자기 방에서 내게 남극에 대해 이야기했을

때와 똑같았다.

"그럼 넌 탐험가나 여행가가 되면 좋겠다!"

"와, 멋진데? 오세율 탐험가!"

탐험가가 마음에 드는지 세율이는 한참 동안 싱글벙글 웃었다.

이번에는 수호가 입을 열었다.

"나도 어제 곰곰이 생각해 봤는데, 난 정말 좋아하는 게 많은 것 같아. 그림 그리기, 춤추기, 요리하기, 랩 하기……. 여기서 한 가지만 고르라는 건 너무 어려운 일이야."

"탐정님이 한 가지만 고르지 말고, 공통점을 찾으라고 하셨잖아."

"공통점? 그림이랑 춤, 요리, 랩…. 모두 다른데?"

"내 생각에 수호는 창의적인 걸 좋아하는 것 같아."

"창의적인 거?"

내 말에 수호가 의아한 표정을 지었다.

"네가 좋아하는 건 내 생각대로, 내 마음대로 할 수 있는 일들이잖아. 그림도 내 생각대로 그릴 수 있고, 춤도 내 마음대로 출 수 있으니까."

"오, 맞네! 요리도 내 마음대로 개발할 수 있고, 랩도 내 생각대로 쓸 수 있어."

세율이가 손뼉을 치며 덧붙였다.

"맞는 것 같아. 정답이 정해져 있는 일은 지루하거든. 나는 내 마음을 표현하는 게 즐거워. 그래서 춤출 때, 그림 그릴 때 행복해."

수호가 고개를 끄덕이며 말했다.

"우빈이는 뭘 좋아해?"

이번에는 세율이가 내게 물었다.

"난 책 읽는 거랑 글 쓰는 걸 좋아해. 책을 읽으면 하고 싶은 말이 생기거든. 그럼 책 속 주인공에게 편지를 쓰거나, 짧은 독후감을 써. 나중에 내가 쓴 글을 읽어 보면 부끄럽기도 하지만 뿌듯하기도 해."

"글 쓰는 게 좋으면 작가를 하면 되잖아."

우빈이가 떡볶이를 먹으며 말했다.

"잘 모르겠어. 글 쓰는 게 좋은 거지, 꼭 작가가 되고 싶은 건 아니거든. 그래서 꿈이 없다고 얘기한 거야."

"괜찮아. 우리가 인터뷰한 언니 오빠들도 계속 꿈을 찾고 있었는데 뭐."

"맞아. 우리가 뭘 좋아하는지 알았으니까 앞으로 잘 찾아보면 돼. 홍 탐정님도 그런 뜻으로 말씀하셨을 거야."

우리는 뭔가를 깨달은 것 같으면서도 여전히 뿌연 안개 속에 있는 느낌이었다. 하지만 예전처럼 아주 답답하지만은 않았다.

"내일이네. 장래 희망 뽐내기 대회."

우리는 아무 말도 하지 않고 맛있게 분식을 먹었다. 과연 친구들 앞에서 우리는 어떤 꿈을 말하게 될까?

★ ★ ★

드디어 대회 날 아침이 되었다.

"한 달 동안 장래 희망에 대해 잘 생각해 보았나요?"

"네!"

선생님의 물음에 아이들이 씩씩하게 대답했다.

"여러분이 어떤 멋진 꿈을 꾸었는지 궁금한데요? 그럼 순서대로 한 명씩 발표해 볼까요?"

발표가 시작되자 두근두근 가슴이 뛰었다. 세율이와 수호도 나와 같은 마음처럼 보였다.

"저는 담임 선생님처럼 훌륭한 교사가 되고 싶어요! 그래서 아이들에게 좋은 이야기를 많이 해 주고 싶어요."

"저는 판사가 될 거예요. 공정한 판결을 해서 억울한 사람이 없도록 하고 싶어요!"

"저는 파일럿이 되고 싶어요. 비행기를 운전하는 게 멋있어 보이거든요. 여러 나라도 여행할 수 있으니까 매력적인 것 같아요."

발표하는 친구들 모두 밝은 얼굴이었다. 저번과 꿈이 같은 친구도 있었고, 바뀐 친구도 있었다.

"이제 수호가 해 볼까?"

선생님의 말에 수호가 쭈뼛쭈뼛 교탁 앞에 섰다.

"제 꿈은……."

"보나 마나 의사겠지!"

"당연하지!"

수호의 말이 끝나기도 전에 아이들이 한마디씩 거들었다. 한순간 수호의 얼굴에 긴장감이 떠올랐다.

"제 꿈은…… 아직 고민 중입니다."

"뭐?"

"너 의사가 꿈이라며!"

"맞아. 아빠 따라 의사가 될 거라고 자랑했잖아!"

친구들의 아우성에 수호가 조심스레 입을 열었다.

"다 거짓말이었어……. 의사는 우리 아빠 꿈이지, 내 꿈이 아니야."

수호가 고개를 푹 숙이자 선생님이 부드럽게 물었다.

"수호가 참 용기 있구나. 고민하고 있는 꿈은 어떤 건지 말해 줄 수 있니?"

"댄서도 되고 싶고 래퍼도 되고 싶어요. 요리사나 화가도 관심 있고요. 이것 말고도 되고 싶은 게 많아서 고민 중이에요……."

수호의 고백에 교실은 조용해졌다. 고요함을 깨뜨린 건 역시나 세율이었다.

"이제 제 차례 맞죠?"

"갈빗집 사장님 나오신다!"

"푸하하!"

세율이의 등장에 조용했던 교실은 일순간 웃음바다가 됐다.

"저도 꿈이 바뀌었습니다! 생각해 보니 제가 요리에 관심이 하나도 없더라고요. 그래서 제가 가장 좋아하는 걸 떠올려 봤죠! 그건 바로 탐험입니다! 저는 여행을 좋아하고 걷는 걸 좋아하고, 전 세계의 동물을 사랑하거든요. 게다가 아직 밝혀지지 않는 미지의 세계를 탐구하는 것도 정말 좋아합니다!"

"그럼 탐험가가 꿈이란 말이야?"

누군가 불쑥 물었다.

"그건 모르겠어요. 탐험가? 여행가? 고고학자? 다양한 직업을 생각해 봤는데 딱 무엇이 되어야겠다는 확신이 안 들더라고요. 앞으로 더 고민하려고 합니다."

세율이가 꾸벅 인사를 하고 자리로 돌아왔다.

"세율이가 그사이 많은 생각을 했구나. 정말 멋진데?"

"감사합니다!"

"마지막으로 우빈이가 발표해 볼까?"

나는 공책을 한 권 들고 교탁 앞으로 나갔다. 가슴이 콩닥콩닥 뛰었다.

'괜찮아. 쓴 대로 읽기만 하면 돼.'

나는 교탁 앞에 서서 공책을 펼쳤다.

"저는 아직도 꿈을 찾지 못했습니다. 그 대신 이번 발표를 준비하면서 느낀 점을 공책에 적어 보았습니다."

내 말에 아이들이 술렁이기 시작했다.

우리는 또 어떤 꿈을 꾸게 될까?

우리 동네 낡은 빌라 3층에는 홍 탐정 사무실이 있다. 무엇이든 다 찾아 준다는 홍 탐정의 이름은 홍정식. 우리 외삼촌이다. 외삼촌은 우리나라에서 제일 큰 장난감 회사에 다녔지만 얼마 전에 그만두고 탐정 사무실을 차렸다. 나는 삼촌의 꿈이 멋진 회사원이라고 생각했지만 그건 내 착각이었다. 삼촌의 꿈은 어릴 때부터 셜록 홈스처럼 유능한 탐정이 되는 것이었다고 한다. 삼촌은 어른이었지만 마음만은 탐정 꿈을 꾸던 어린아이였다. 처음에는 삼촌이 으리으리한 회사를 나왔다는 사실이 이해되지 않았지만, 꿈을 이루기 위해 노력하는 게 얼마나 용기 있는 일인지 깨달았다.

피아니스트의 꿈을 잊지 못해 이제야 피아노를 배우는 신선 정육점 할아버지, 아나운서 꿈은 이루지 못했지만 학원에서 열심히 수업하는 재능 학원 국어 선생님, 되고 싶은 게 많아서 아직도 고민 중이라는 상철이 형, 작곡가가 되겠다며 열심히 준비 중인 수진이 누나, 축구 선수가 꿈이었던 우리 아빠와 간호사의 꿈을 이룬 우리 엄마.

꿈을 이룬 어른도 있지만 이루지 못한 어른도 많았다. 어른이라고 모두 꿈을 이루는 건 아니었다. 꿈을 이루지 못한 어른은 마음속에 꿈을 간직하거나 뒤늦게라도 꿈을 이루기 위해 애쓰고 있었다. 우리는 왜 꿈을 꾸는 걸까? 우리는 왜 꿈을 찾아야 하는 걸까? 꿈을 빨리 찾는다고 좋은 꿈을 꾸게 되는 걸까?

나는 그렇지 않다고 생각한다. 꿈이 있다는 건 정말 행복한 일이지만 없다고 해서 걱정할 필요도, 창피할 필요도 없다. 우리 스스로 무엇을 좋아하는지, 무엇을 잘하는지 알게 된다면 우리의 몸이 쑥쑥 자라듯 우리의 꿈도 반드시 자랄 것이기 때문이다.

"와, 잘 썼다!"

세율이가 손뼉을 치자 뒤이어 친구들도 박수를 치기 시작했다. 공책에 쓴 글을 다 읽고 나는 아이들을 향해 말했다.

"전 아직 꿈이 없지만 계속 찾아볼 거예요. 혹시 저처럼 꿈이 없는 친구들이 실망하지 않았으면 해서 적어 보았습니다."

나는 꾸벅 인사를 하고 자리로 돌아왔다.

"우빈이가 이렇게 글을 잘 쓰는 줄 몰랐는데? 좋은 이야기 잘 들었어."

선생님의 칭찬에 나도 모르게 얼굴이 빨갛게 달아올랐다.

"우빈이의 글을 읽고 나니 선생님의 꿈도 생각났어요. 선생님은 어릴 때부터 교사가 꿈이었고 한 번도 바뀐 적 없지만, 그게 얼마나 큰 행운인지 잘 몰랐어요. 내 친구들도 나처럼 되고 싶은 게 하나씩은 있겠지 하고 생각했거든요. 하지만 우빈이의 이야기를 들으니 그건 선생님의 착각이었던 것 같아요. 장래 희망은 뽐내는 게 아니라 계속 고민하고 발전해 나가는 것, 그게 중요한데 말이에요. 혹시라도 오늘 발표를 위해 장래 희망을 꾸민 친구들이 있다면 솔직하게 말해도 좋아요."

선생님의 말씀에 아이들이 눈치를 보기 시작했다.

그때 맨 뒷자리에 앉은 상우가 슬그머니 손을 들었다.

"판사가 되고 싶다는 거 사실은 거짓말이었어요. 그냥 멋있어 보여서 말한 거예요……."

"저도 거짓말했어요. 우빈이처럼 아직 꿈이 없는데, 그럼 애들이 놀릴까 봐 교사가 되고 싶다고 말했어요."

"전 자동차를 좋아해서 자동차 엔지니어가 되고 싶은데 경찰관이라고 거짓말했어요……."

"저는 아직 잘 모르겠어요."

"저도 아직 모르겠어요!"

아이들이 손을 들고 마음속에 있던 이야기를 꺼내자 선생님

이 방긋 미소를 지었다.

"솔직하게 말해 줘서 고마워요. 오늘로 장래 희망 뽐내기 대회는 폐지하겠어요."

웅성대던 교실이 곧 조용해졌다.

"대신 여러분이 무엇을 할 때 가장 기쁘고 즐거운지, 행복 뽐내기 대회를 열려고 하는데 어때요?"

"우아!"

"좋아요!"

"그거라면 확실하게 말할 수 있어요!"

"저도요!"

결국 장래 희망 뽐내기 대회는 1회로 폐지되었고 우리는 장래 희망이란 숙제에서 풀려날 수 있었다.

"우빈아! 세율이랑 우리 집에 가서 게임 하자!"

수업이 끝난 뒤 수호가 내 팔을 붙잡으며 말했다.

"미안해. 나는 갈 데가 있어서. 둘이 재미있게 놀아."

"김우빈! 어디 가는데!"

서운해하는 수호와 세율이를 남겨 두고 나는 교실을 빠져나왔다.

"네, 홍 탐정 사무실입니다. 아, 네! 결혼반지를 잃어버리셨다고요? 어디서 잃어버리셨죠? 놀이동산이요?"

삼촌은 여전히 바빠 보였다. 우리가 오지 않은 며칠 사이에

책상에는 사건 의뢰서가 수북이 쌓여 있었다. 떨어진 종잇조각과 흙먼지로 바닥도 지저분했다.

"언제 왔니?"

삼촌은 의뢰인과의 긴 전화 통화를 끝낸 뒤 내게 물었다.

"발표는 잘했고?"

"네. 솔직하게 발표했더니 마음이 후련해요."

"하하, 다행이다. 혹시 삼촌처럼 탐정이 꿈인 친구는 없었니?"

"없었는데요?"

"아쉽네. 탐정 진짜 멋진 직업인데!"

삼촌은 거뭇한 수염을 만지며 활짝 웃었다.

"일이 많아져서 직원을 뽑아야겠어. 더 바빠질 것 같거든."

삼촌은 조금 피곤해 보였지만 눈빛은 어느 때보다 빛났다. 언젠가부터 정장을 입고 커다란 장난감 상자를 들고 오던 삼촌의 모습이 생각나지 않았다.

"삼촌! 회사 그만둔 거 정말 후회 안 해요?"

"그럼! 삼촌은 꿈을 이뤘잖아. 몸과 마음은 좀 힘들어도 내가 좋아하는 일을 할 수 있다는 건 정말 행복한 일이거든."

나도 언젠가 삼촌처럼 꿈을 이루는 날이 오겠지? 아직도 깜깜한 밤하늘을 걷는 기분이지만 내가 좋아하는 게 무엇인지 알고 노력하다 보면 어느새 풍선처럼 꿈이 자랄지도 모른다. 풍선의 색이 서로 다르듯이 우리의 꿈도 저마다 다르니까 나도 조바심 내지 않기로 했다. 내 풍선은 반드시 크게 부풀어서 하늘 위로 멀리멀리 날아갈 테니까.

"여기 있을 줄 알았어!"

"우리만 빼고 혼자 오냐?"

그때 정적을 깨고 세율이와 수호가 사무실로 들어왔다.

"너희 게임 하러 안 갔어?"

"응!"

"왜?"

"아주 중요한 일이 생겼거든!"

내 말에 세율이가 핸드폰을 흔들며 대답했다.

"홍 탐정님! 직원 뽑으신다면서요?"

"인터넷에 올린 구인 광고 봤어요. 저희는 어떠세요?"

"뭐?"

세율이와 수호가 진지하게 물어보자 삼촌은 황당해하며 웃었다.

"잠깐!"

내가 번쩍 손을 들며 소리쳤다.

"내가 먼저야! 삼촌, 아니 탐정님! 저는 어떠세요? 한 번 해 봐서 더 잘할 수 있어요."

"저도 잘해요!"

"제가 더 잘해요!"

우리는 삼촌을 붙들며 아이처럼 졸랐다.

삼촌은 잠시 고민하더니 결심한 얼굴로 입을 열었다.

"좋아! 김 조수, 오 조수, 박 조수! 너희 셋을 홍 탐정 사무실 특별 조수로 채용한다! 단, 공부에 방해받지 않게 하루에 한 시간만 일하도록!"

"와, 감사합니다!"

우리는 부둥켜안고 기쁨의 소리를 질렀다.

"자자, 그럴 시간 없어. 김 조수는 바닥부터 쓸고 오 조수는 의뢰서 정리하고, 박 조수는 쓰레기통부터 비워야지!"

"또 청소하라고요?"

"청소 말고 사건 해결하면 안 돼요?"

"사건 주세요, 사건!"

✷ ✷ ✷

처음으로 꿈을 찾게 해 준 홍 탐정 사무실에서 우리는 또 어떤 꿈을 꾸게 될까?

만약 아직도 꿈을 찾지 못한 친구가 있다면 허름한 건물에 달린 간판을 유심히 보기 바란다. 무엇이든 다 찾아 주는 홍 탐정 사무실이 가까이 있을지 모르니까.

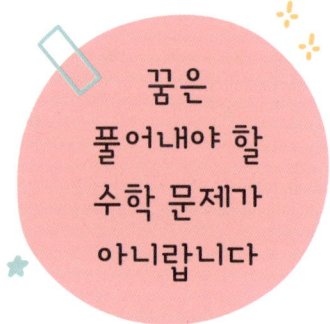

꿈은
풀어내야 할
수학 문제가
아니랍니다

👑 옛날에도 직업이 있었을까요?

직업의 역사는 아주 오래전부터 이어져 왔어요. 옛날에도 다양한 직업이 있었지요. 하지만 현대의 직업과는 성격이 달라요. 지금은 자유롭게 직업을 선택할 수 있지만 옛날에는 신분에 따라 직업이 결정되었거든요.

조선 시대의 '숙수'라는 직업은 궁중에서 잔치 요리를 하는 남자 요리사인데, 이들의 신분은 가장 낮은 천민이었어요. 천민의 신분을 가진 사람은 평민이나 양반이 갖는 직업을 선택

할 수 없었어요. 오로지 천민들에게 허용된 직업만 가질 수 있었지요. 부모의 신분이 노비면 자식도 노비가 되었고, 부모가 백정이면 자식도 소, 돼지를 도축하는 백정이 되었어요. 간혹 전쟁에서 공을 세우거나 나라에 돈을 낼 경우, 천민에서 벗어날 수 있었지만 그런 일은 매우 드물었어요.

유럽에서는 어떤 가문에서 태어났는지에 따라 직업이 결정되었어요. 가문 대대로 내려온 일이 곧 내 직업이 되었지요. 가문 대대로 목수를 했다면 나도 집을 짓는 목수가 되었고, 가문 대대로 그림을 그렸다면 나도 화가가 되어야 했어요. 원래 그림을 좋아했다면 만족했겠지만, 음악가가 꿈인 사람은 평생 원하지도 않는 화가가 되어야 했지요.

하지만 지금은 직업 선택의 자유가 있어요. 누구나 노력하면 원하는 직업을 가질 수 있고 직업을 바꿀 수도 있어요. 더 만족스러운 직업을 얻기 위해 공부하거나 자격증을 딸 수도 있고요. 아마 여러분도 한 번 정도는 TV에서 취업을 위해 노력하는 대학생들을 본 적이 있을 거예요.

직업이 무엇이기에 사람들은 이토록 노력하는 것일까요?

직업이란 무엇일까요?

여러분의 부모님은 어떤 직업을 갖고 있나요? 이 글을 쓰는 선생님은 작가라는 직업을 갖고 있고, 여러분의 담임 선생님은 교사라는 직업을 갖고 있어요. 작가는 책을 쓴 대가로 원고료를 받고, 교사는 한 달간 열심히 수업한 대가로 월급을 받아요.

사람들이 직업을 갖는 가장 큰 이유는 돈을 벌기 위해서예요. 열심히 일해서 번 돈으로 식품도 사고, 옷도 사고 여행도 다니는 거죠. 아플 때는 병원에도 가고, 교육을 위해 학원도 다니고요.

그렇다면 돈을 많이 버는 직업이 좋은 직업일까요? 돈을 벌기 위해 직업을 갖는 건 맞지만, 그 이유만 있는 건 아니에요. 직업은 우리에게 보람과 즐거움, 행복함도 선사하거든요. 의사가 아픈 환자를 치료하면서 보람을 느끼고, 피아니스트가 사람들에게 연주를 들려줌으로써 행복감을 느끼는 것처럼 말이에요.

내가 선택한 직업이 즐겁지 않다면 그 일은 오래 할 수 없어요. 내 직업이 돈만 많이 벌고 보람되지 않다면 그 역시 좋은 직업이라 할 수 없어요. 내가 불량 식품을 제조하는 회사의 직원이라고 상상해 봐요. 불량 식품을 판매해서 사람들의 건강을 해치는 일에 보람을 느낄 수 있을까요? 돈을 많이 번다고 해서 좋은 직업이라고 당당하게 말할 수 있을까요?

직업을 선택할 때는 단순하게 돈만 생각해서는 안 돼요. 그 일을 얼마나 즐겁게 할 수 있는지, 그 일에서 보람을 느낄 수 있는지도 따져 봐야 해요.

그러기 위해서는 나에 대해 아는 게 가장 중요해요. 내가 무엇을 좋아하는지, 무엇을 할 때 행복함을 느끼는지 알아야 올바른 방향으로 진로를 결정할 수 있어요.

 나는 무엇을 할 때 행복할까요?

여러분은 어떤 것을 할 때 가장 행복감을 느끼나요? 취미와 특기, 혹은 작은 습관일지라도 내가 행복한 게 있다면 이유와 함께 적어 보도록 해요.

나는 이럴 때 행복해요	행복함을 느끼는 이유
ex) 노래 부를 때	즐겁고 신난다

내가 잘하는 것은 무엇일까요?

    내가 좋아하는 것을 찾았다면 이제는 잘하는 것을 떠올려 봐요.

    노래하기를 좋아하는데 남들 앞에서 발표도 씩씩하게 잘한다면 가수라는 직업이 어울릴지도 몰라요. 대중 앞에서 노래하는 가수가 너무 내성적이거나 부끄러움이 많으면 공연을 제

대로 할 수 없을 테니까요.

  요리를 좋아하는데 미술을 더 잘한다면 푸드 스타일리스트가 되어도 멋질 거예요. 창의적인 미술 실력으로 광고에 나오는 음식을 근사하게 연출할 수 있을 테니까요.

  이처럼 내가 좋아하는 것과 잘하는 것을 적절하게 섞으면 내 적성에 알맞은 직업을 선택할 수 있어요.

  아래 표에 내가 좋아하는 것과 잘하는 것을 적어 보고 그것과 관련된 직업은 무엇이 있는지 찾아보도록 해요.

내가 좋아하는 것	내가 잘하는 것
ex) 노래하기	발표하기

꿈은 정답이 없어요!

꿈이라는 건 수학 문제처럼 한 개의 정답만 갖고 있지 않아요. 따라서 모두의 꿈이 같을 수도 없고, 같아서도 안 돼요.

좋은 꿈이라는 건 내가 좋아하고 잘하는 것이에요. 좋은 꿈을 꾸려면 나를 아는 게 가장 중요해요. 내가 무엇을 좋아하고, 무엇을 잘하는지, 무엇을 할 때 가장 행복한지 말이에요.

여러분이 무엇을 좋아하고 무엇을 원하는지에 따라 여러분의 꿈도 다양하게 꽃피울 수 있어요.

아직 꿈이 없어 불안한 친구들이 있다면 지금부터 나에 대해 잘 생각해 봐요. 그러다 보면 어느새 예쁜 꿈이 두둥실 자라나 활짝 웃고 있을 테니까요.

(재미와 감동으로 몸과 마음을 건강하게 성장시키는)
팜파스 어린이 동화

팜파스어린이 01
다문화 친구 민이가 뿔났다
함께해서 더 즐거워지는 다문화 친구 이야기

"피부색이 달라도 우린 소중한 친구야!"
이제는 익숙해진 다문화 가정 이야기,
다문화 가정 2세가 학교 갈 나이가 되었다!

한화주 지음 | 안경희 그림

팜파스어린이 02
누가 내 방 좀 치워 줘!
집중력과 선택 능력, 실행력을 길러 주는
놀라운 스스로 정리의 힘!

"지금 정리해 놓으면
　내일이 더 재미있고 즐거워져!!"
가방 정리부터 시작해 공책, 방, 교실까지!
무궁무진하게 확장되는 정리비법 대 공개!!

장보람 지음 | 안경희 그림

팜파스어린이 03
생각도둑, 시간도둑, 친구도둑, 공부도둑
스마트폰이 먹어 치운 하루
스마트폰을 슬기롭게 사용하도록 이끌어 주는
생각 동화

"심심하면 톡톡, 지루하면 터치!!
　하루 온종일 스마트폰!!"
이제는 스마트폰 터치 말고
내 옆 친구의 눈을 보고 이야기해 보아요!!

서영선 지음 | 박연옥 그림

팜파스어린이 04
말과 글에도 주인이 있어요!
더불어 살고, 존중하는 사회를 만드는
아이로 성장시키는 놀라운 저작권 교육의 힘!

"뜻도, 말도 어려운 저작권!
　근데 저작권이 왜 중요해?!"
우리 생활 곳곳에서 일어나는
어마어마한 저작권의 힘!

장보람 지음 | 최해영 그림

팜파스어린이 05
우씨! 욱하고 화나는 걸 어떡해!
아이의 분노 조절과 자기 관리,
사회성을 길러 주는 놀라운 감정 표현의 힘!

"오늘도 나는 불끈 화가 난다!!"
'화'란 껍질 속에 꽁꽁 숨어 있는
너의 진짜 마음을 보재!!

한현수 지음 | 최해영 그림

팜파스어린이 06
나 남자 친구 사귀어도 돼?
이해, 존중과 배려를 배우는
어린이 이성 친구 이야기!

"두근두근, 콩닥콩닥 뛰는
　이 마음은 뭘까?"
손숭과 배려, 자기관리 능력을 일깨워 주는
초등 이성 친구 가이드라인!

한예찬 지음 | 양아연 그림

팜파스어린이 07
내 보물 1호는 화장품
화장하면 왜 안 돼?
아이답게 예뻐지는 법을 배우는 동화

"화장하면 금세 예뻐질 수 있는데
왜 안 된다고 해?"
이성과 외모에 부쩍 관심이 많아지는 사춘기,
화장을 안 해도 예뻐질 수 있어!

김경선 지음 | 안경희 그림

팜파스어린이 08
엄마는 정말 내 말을 안 들어 줘!
부모님과 갈등으로 힘겨운 어린이들을 위한
소통과 사랑 이야기!

"엄마랑 말하기 싫어! vs
엄마 마음도 좀 봐 줄래?"
엄마, 아빠랑 자꾸 싸우게 되는
우리만의 남다른 이유!

한화주 지음 | 최해영 그림

팜파스어린이 09
엄마는 언니만 좋아해!
얄미운 언니가 없었으면 좋겠어!
까칠한 자매의 따뜻한 소통 이야기

"달라도 너무 다른 자매,
다르지만 또 닮은 우리!"
눈만 마주치면 싸우는 형제자매에게
꼭 필요한 소통의 이야기

박현숙 지음 | 최해영 그림

팜파스어린이 10
커플은 힘들어
연애가 하고 싶은,
연애가 서툰 아이들의 진짜 연애 이야기!

"엄마는 모르는
우리 아이들의 연애 이야기!"
설레고 기분이 좋아지는 이성 교제 이야기

김경선 지음 | 김주리 그림

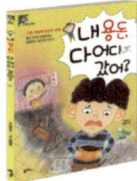

팜파스어린이 11
내 용돈, 다 어디 갔어?
마른 하늘에 빚장부 벼락!
용돈 관리로 빚쟁이에서 탈출하는 성민이의 이야기

"사고 싶은 거, 먹고 싶은 게 이렇게 많은데!
용돈 다 어디 갔지?"
용돈 관리로 배우는 뚜렷한 경제 관념!

박현숙 지음 | 최해영 그림

팜파스어린이 12
날씬해지고 말거야!
어린이의 튼튼한 자존감과 긍정적 자아상을 위한
다이어트 심리동화

"그게 아니? 건강한 지금의 모습이
정말 예쁘다는 거!"
살 빼고 싶어서 안달한 초등생들의
마음 빈자리를 살펴보고, 튼튼하게 채워 주는
심리동화책

최형미 지음 | 안경희 그림

팜파스어린이 13
말과 글이 친구를 아프게 해요
상대를 배려하는
올바른 언어습관을 알려 주는 생활동화

"장난으로 한 말인데 왜 그러세요?"
아이들의 잘못된 언어습관을 일깨워 주고,
말과 글의 중요성과 소중함을 알려 주는 동화

박서진 지음 | 김지현 그림

팜파스어린이 14

나랑만 친구해

못된 관계 욕구를 풀고
두루두루 좋은 관계를 맺는 어린이 친구심리!

"내 친구는 내가 지킨다!"
어린이의 건강한 관계 맺기를 알려 주는
생생한 친구 이야기!

한현주 지음 | 김주리 그림

팜파스어린이 15

나쁜 버릇, 내일부터 고칠게요

고얀 놈이 되기 싫은 천방지축
바람이의 나쁜 버릇 고치기 대작전!

"하던 대로 하는 게 뭐 어때서?"
아이가 가진 나쁜 버릇과 습관이
왜 안 좋은지 알려 주고,
좋은 습관을 위한 노력을 알려 주는 생활동화

박현숙 지음 | 최해영 그림

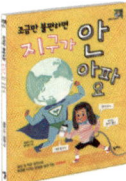

팜파스어린이 16

조금만 불편하면 지구가 안 아파요

일상 속 작은 실천으로
환경을 지키는 방법을 알려 주는 생활동화

"종이컵 하나 안 쓴다고 뭐가 달라져?"
환경 보호는 거창하고 어려운 일이 아니라,
일상에서 누구나 실천할 수 있는 일!

김경선 지음 | 김다정 그림

팜파스어린이 17

수줍어하는 게 어때서!

수줍음, 낯가림 등 내성적인 성격에 대한
어린이 친구들의 당찬 할 말!

"수줍음이 지닌
무궁무진한 능력들을 한번 볼래?"
어린이 친구의 타고난 성격을 잘 인정하고,
더 발전시키는 생각동화

최형미 지음 | 김효주 그림

팜파스어린이 18

또 사면 되지! 왜 아껴?

어린이 친구의 건강한 마음과
소비생활을 위한 심리동화

"엇! 마음이 약해지면 쇼핑을 한다고?"
욕심이 커지고, 점점 과시하고 싶어지는
어린이 친구의 '쓰는 마음 뒷모습' 살피기

한현주 지음 | 최해영 그림

팜파스어린이 19

햄버거랑 피자랑, 맛있는 것만 먹을래!

건강한 식습관의 중요성을 알려 주는
어린이 편식 극복 동화

"먹고 싶은 것만 먹는 건 왜 안 돼?"
어린이 친구의 편식을 바로잡고
올바른 식습관을 도와주는 생활동화

박현숙 지음 | 안경희 그림

팜파스어린이 20

내가 이기적이라고?!

어린이 친구의 이해심을 넓히고
더불어 사는 의미를 일깨우는 생각 동화

"솔직히! 자기 생각하는 게 뭐가 나빠?!"
자기중심적인 어린이 마음을 들여다보고,
더불어서 사는 의미와 방법을 일러 주는
생각 동화

한화주 지음 | 김효주 그림

팜파스어린이 21

거짓말이 눈덩이처럼 커져 버렸어!

사소한 거짓말이 불러오는
마음의 상처를 생각해 보는 동화

"손톱 만했던 거짓말이 괴물이 되어 버리다!"
거짓말 때문에 나뿐만 아니라
주위 사람들도 아프다

최형미 지음 | 영수 그림

팜파스어린이 22

5분만 있다가 할게!

회피와 주저함, 무기력에 활기를 돋우는
어린이 미루기 심리동화

"미루는 습관 뒤에는
어떤 마음이 있는 걸까요?"
잘해야 한다는 부담감과 무기력 때문에
미루는 어린이 친구 마음에 활력 돋우기!

한현주 지음 | 최해영 그림

팜파스어린이 23

난 왜 자꾸 질투가 날까?

아이의 질투심에 담긴 욕구와
감정 조절에 대해 생각해 보는 감정동화

"나만 사랑 받고 싶어!
밀려 나고 싶지 않아!"
남들과 비교하지 않고 자기 자신을
더 사랑하는 방법 깨우치기!

강민경 지음 | 안경희 그림

팜파스어린이 24

토론은 싸움이 아니야!

'나와 다른 생각'을 슬기롭게 받아들이고,
토론 능력을 키워 주는 어린이 생각동화

"지금 이거 토론이야? 싸움이야?"
토론하다 불끈 화나는 어린이 친구들의
감정싸움 엿보기!

한현주 지음 | 박연옥 그림

팜파스어린이 25

우리반 딴지왕 또기찬, 멋지게 딴지 걸다!

창의력을 키워 주고 통념을 뒤집어 보는
어린이 생각동화

"엉뚱한 생각이 세상을 바꾼다!"
멋진 딴지가 불러오는 놀라운 기적!

채화영 지음 | 박연옥 그림

팜파스어린이 26

게임보다 더 재미있는 게 어디 있어!!

자칭 '게임왕', 타칭 '게임중독'
왕재민이 달라졌다!

"밥도, 숙제도,
게임 한 판만 더 하고 할게요!"
어린이 스스로 게임을 균형 있게 조절하고
슬기로운 생활을 이끌어 주는 생각동화

채화영 지음 | 박선하 그림

팜파스어린이 27

듣고 싶은 말만 들을래요

소통, 공감 능력을 키워 주는 쓴소리의 힘!

"상대방이 내가 듣고 싶은 말만 해 주고,
내 편을 들어주면 과연 행복할까?"
듣기 싫은 말에 무조건 반항부터 하는
어린이를 위한 생각동화!
쓴소리를 잘 활용하는 특별한 방법과
연습을 통해 한 뼘 더 성장하기

박선희 지음 | 이미진 그림

팜파스어린이 28

발표! 토론!
남 앞에서 말하는 게 제일 싫어!

남 앞에서 말하는 것을 두려워하는 어린이의 마음을
살펴보고 표현하는 재미를 일깨워 주는 생각동화

"왜 사람들 앞에서 말하면
목소리가 떨리고 속이 울렁거리지?"
스스로를 믿으며 말하는 연습이 자기답게 당당하게
말하는 능력을 길러 줘!

박현숙 지음 | 박예림 그림

팜파스어린이 29

우리 반에서 유튜브 전쟁이 일어났다!

크리에이터가 되고 싶은 아이들의 좌충우돌 성장 이야기

"인기 크리에이터 '이강이'가 전학을 왔다! 그리고 우리 반에 불어닥친 유튜브 열풍!"
유튜브 열풍에 가리어진 그들을 살피며 안전하고 보람차게 나만의 컨텐츠를 만들기!

박선희 지음 | 박연옥 그림

팜파스어린이 30

만나자는 약속보다 로그인이 더 편해!

온라인 세상 속 숨은 인간관계에 대해 살펴보는 어린이 생각동화

"친구를 사귀는 것도, 인기를 얻는 것도 실제로 하려면 너무 어렵잖아요!"
현실보다 온라인 세상이 더 좋은 어린이를 위한 친구 관계 맺기

박서진 지음 | 김다정 그림

팜파스어린이 31

SNS 스타 송편이가 유기견이 되었다!

반려견과 유기견을 대하는 우리의 두 얼굴과 동물 학대, 생명 존중에 관한 생각동화

"스타견 송편이가 유기견이 되고, 유기견 만두가 스타견이 되었다고?"
길 위에서 살아가는 생명에게 따뜻한 관심을 기울여 본다면!

박현지 지음 | 안경희 그림

팜파스어린이 32

출동! 우리 반 디지털 성범죄 수사대

어린이 친구들을 노리는 디지털 성범죄의 위험을 알려 주는 생활동화

"그저 사진 하나 보내는 건데 괜찮지 않을까?"
어린이들이 반드시 알아야 할 디지털 인권과 성범죄, 그리고 성인지 감수성에 대해 동화로 살펴보다!

박선희 지음 | 김주리 그림

팜파스어린이 33

그냥 아무것도 하기 싫은데 어떡해요?

어린이 친구들의 무기력하고 번아웃된 마음을 들여다보고 보듬어 주는 심리동화

"나보다 더 잘하는 친구가 나오면 어쩌지? 나는 실패한 아이가 되는 걸까?"
어린이들의 지치고 울적한 마음을 살펴보고, 마음의 힘을 불어넣어 주다!

제성은 지음 | 이미진 그림

팜파스어린이 34

미안하다고 말하기는 너무 힘들어!

어린이 친구들의 더 큰 성장을 이끌어 주는 사과와 화해의 이야기

"친구하고 싸운 날! 먼저 말을 붙이기에는 괜히 자존심이 상하고, 모른 척하기에는 맘이 너무 불편해!"
동화로 살펴보는 다툼과 화해의 심리학

박선희 지음 | 안경희 그림